20 Advanced Short Stories in Italian

Challenge Yourself with Dual-Language Tales (B2-C1) That Will Improve Your Comprehension and Take Your Vocabulary, Fluency, and Pronunciation to the Next Level

Acquire a Lot

Cover design by Sro

Printed in the United States of America

ISBN: 979-8-9923568-1-6

A tutti gli amanti delle lingue, che vedono in ogni parola una nuova finestra sul mondo. Grazie per la vostra passione.

Contents

Unlock the Secrets to Learning Any Language Faster

I'm excited to share with you a practical and insightful guide that can help you master any language faster than you ever thought possible. Whether you're drawn to the musical tones of French, the fascinating characters of Mandarin, or the lively rhythm of Spanish, this guide offers the tools you need to start your journey with confidence.

Inside, you'll find practical tips and strategies designed to make language learning enjoyable and effective. This isn't just about memorizing vocabulary or grammar rules— we also explore the mindset and focus needed to stay motivated, even when distractions arise. You'll learn how to tap into your natural enthusiasm and keep your passion for languages alive.

HOW TO ~~LEARN~~ **ACQUIRE ANY LANGUAGE FAST** ✅

Acquire a Lot

And there's more! By downloading this guide, you'll also gain access to exclusive perks. As part of our community, you'll receive special discounts whenever we release a new book—giving you an affordable way to keep expanding your language skills.

Additionally, you'll get access to thoughtfully curated learning materials designed to enhance your progress. From clever tools to proven techniques, you'll have everything you need to succeed right at your fingertips.

But don't wait too long—this free guide won't be available forever. Think of it as a rare opportunity to take your language learning to the next level.

All of this is completely free. The only thing we need from you is your email address.

Scan the QR code or visit the link below to claim your guide and start your journey today. Let's unlock the world of languages together!

Or go to:

https://acquirealot.com/free-bonus/

Introduction

This collection of stories is designed for advanced learners of Italian, offering a rich array of narratives that explore universal themes such as resilience, transformation, and connection. Each story invites readers to immerse themselves in the beauty and rhythm of the Italian language while challenging their comprehension and interpretation skills. The language level is intended for those who have already mastered the basics and intermediate stages of Italian, providing a platform to expand vocabulary, understand complex structures, and experience authentic storytelling.

These tales are more than linguistic exercises; they are windows into lives, emotions, and settings that reflect the essence of Italian culture and human experience. From heartfelt moments to life-changing decisions, each story is crafted to both engage and inspire.

How to Use This Book

In this fourth volume of the series, we have assumed that readers are now equipped with a strong foundation in Italian. As such, this edition does not include a dedicated vocabulary section. Instead, we encourage learners to rely on their existing knowledge, context, and intuition to decipher new words and phrases as they arise.

The structure of this book has been carefully designed to support advanced learners while maintaining a parallel reading experience:

- **Titles:** Each story begins with its title presented in Italian on the left-hand page and in English on the right-hand page.

- **Summaries:** Below the title, you'll find a brief summary of the story in both Italian and English, providing context before diving into the narrative.

- **Paragraph by paragraph:** With the Italian text on the left and the corresponding English translation on the right. While we have made every effort to align the paragraphs line by line, some differences in length and structure were unavoidable. This is because translating while preserving meaning and natural flow often requires adding or omitting words, resulting in slight variations in paragraph length. Despite this, the parallel format allows you to compare both versions seamlessly, enhancing your comprehension and appreciation of the linguistic nuances.

- **Questions and Answers:** At the end of each story, there is a section of five questions with multiple-choice answers, designed to test your understanding of the narrative. The correct answers can be found at the end of the book, allowing you to gauge your progress.

We encourage you to approach each story at your own pace, taking time to enjoy the narratives while honing your skills. Use this book not only as a tool for learning but also as an opportunity to experience the joy of reading in a new language.

Happy reading, and buona lettura!

Ricominciare a Quarant'Anni

Riassunto

Michele, un uomo di quarant'anni, si sente bloccato nella sua routine milanese. Dopo aver trovato una vecchia cartolina della zia Laura, decide di visitarla nel suo piccolo paese nel sud Italia. Qui, scopre la gioia di una vita più semplice aiutando al mercato e lavorando nell'orto di un anziano di nome Giuseppe. Con il supporto di Laura e la gentilezza della comunità locale, Michele inizia a ritrovare serenità e a considerare l'idea di restare più a lungo per ricominciare una nuova vita.

Quando Michele compì quarant'anni, si ritrovò seduto sul vecchio divano del salotto, con un pezzo di torta al cioccolato in una mano e il telefono nell'altra. Mentre controllava le notifiche, si rese conto che la maggior parte dei messaggi di auguri proveniva da persone che non sentiva da anni. "Buon compleanno, Michele! Come va la vita?" scriveva un ex collega. Lui sospirò e pensò: *Come va? Potrebbe andare meglio.*

Michele aveva sempre vissuto a Milano, ma ultimamente la città gli sembrava soffocante. Il traffico, i rumori e le lunghe giornate in ufficio gli avevano tolto ogni entusiasmo. Guardandosi intorno nel suo piccolo appartamento, notò che tutto gli sembrava un po'… stanco, proprio come lui.

Fu allora che accadde qualcosa di insolito. Sul tavolino accanto al divano, trovò una vecchia cartolina che non ricordava di avere. Era un'immagine di una piccola casa in campagna, con un giardino pieno di fiori e una nota scritta a mano: *"Per il giorno in cui avrai bisogno di aria fresca."* Michele sorrise.

Starting Over at Forty

Summary

Michele, a forty-year-old man, feels stuck in his Milanese routine. After finding an old postcard from his Aunt Laura, he decides to visit her in her small village in southern Italy. There, he discovers the joy of a simpler life by helping at the market and working in the garden of an elderly man named Giuseppe. With Laura's support and the kindness of the local community, Michele begins to find peace and considers staying longer to start a new chapter in his life.

When Michele turned forty, he found himself sitting on the old sofa in the living room, with a piece of chocolate cake in one hand and his phone in the other. While checking his notifications, he realized that most of the birthday messages came from people he hadn't heard from in years. "Happy birthday, Michele! How's life?" wrote a former colleague. He sighed and thought: How's life? It could be better.

Michele had always lived in Milan, but lately, the city felt suffocating to him. The traffic, the noise, and the long days at the office had drained all his enthusiasm. Looking around his small apartment, he noticed that everything seemed a little… tired, just like him.

Then something unusual happened. On the coffee table next to the sofa, he found an old postcard he didn't remember having. It was an image of a small house in the countryside, with a garden full of flowers and a handwritten note: "For the day when you'll need fresh air." Michele smiled.

La cartolina era di sua zia Laura, una donna che viveva in un piccolo paese nel sud Italia e che sembrava sempre avere una saggezza speciale.

Due giorni dopo, senza pensarci troppo, Michele si ritrovò a comprare un biglietto del treno. Decise di passare una settimana con sua zia. Non aveva mai pensato di vivere fuori città, ma forse una pausa gli avrebbe fatto bene.

Quando arrivò, il paese era esattamente come lo ricordava: case con muri color pastello, strade acciottolate e il profumo di pane fresco nell'aria. Sua zia lo accolse con un grande abbraccio e un piatto di pasta che sembrava un'opera d'arte. "Finalmente ti sei deciso a visitarmi!" esclamò Laura, ridendo.

Durante la cena, Michele spiegò come si sentiva bloccato nella sua vita. Laura lo ascoltò attentamente, poi disse con un sorriso: "Sai, Michele, a volte la città ci fa dimenticare che c'è un mondo più semplice e autentico là fuori. Perché non provi a vivere qui per un po'? Abbiamo sempre bisogno di una mano al mercato."

Michele rise. Lui, al mercato? Non poteva immaginare una vita così diversa dalla sua routine milanese. Ma c'era qualcosa nelle parole di Laura, una leggerezza che gli diede speranza.

Il giorno dopo, Michele si svegliò presto per aiutare sua zia al mercato. All'inizio, si sentiva un po' fuori posto. Doveva imparare i nomi di formaggi locali, sistemare le verdure in modo "artistico" e, soprattutto, trattare con i clienti che sembravano conoscere ogni minimo dettaglio sulla qualità dei pomodori.

Ma con il passare delle ore, qualcosa cambiò. Una signora anziana gli disse: "Hai proprio un bel sorriso, giovane!" e un bambino gli mostrò come scegliere le mele migliori toccandole delicatamente. Michele si sentì per la prima volta utile, parte di una comunità.

Quella sera, mentre guardava il tramonto dal giardino di Laura, pensò che forse, per ricominciare, non servivano grandi piani o cambiamenti drammatici. Forse bastava solo un piccolo passo.

The postcard was from his Aunt Laura, a woman who lived in a small town in southern Italy and always seemed to have a special kind of wisdom.

Two days later, without overthinking it, Michele found himself buying a train ticket. He decided to spend a week with his aunt. He had never considered living outside the city, but perhaps a break would do him good.

When he arrived, the town was exactly as he remembered: houses with pastel-colored walls, cobblestone streets, and the scent of fresh bread in the air. His aunt welcomed him with a big hug and a plate of pasta that looked like a work of art. "You finally decided to visit me!" Laura exclaimed, laughing.

During dinner, Michele explained how stuck he felt in his life. Laura listened carefully and then said with a smile: "You know, Michele, sometimes the city makes us forget that there's a simpler, more authentic world out there. Why don't you try living here for a while? We could always use an extra hand at the market."

Michele laughed. Him, at the market? He couldn't imagine a life so different from his Milan routine. But there was something in Laura's words, a lightness that gave him hope.

The next day, Michele woke up early to help his aunt at the market. At first, he felt a little out of place. He had to learn the names of the local cheeses, arrange the vegetables in an "artistic" way, and, most importantly, deal with customers who seemed to know every tiny detail about the quality of the tomatoes.

But as the hours passed, something changed. An elderly lady told him, "You have such a lovely smile, young man!" and a child showed him how to pick the best apples by gently touching them. For the first time, Michele felt useful, part of a community.

That evening, as he watched the sunset from Laura's garden, he thought that perhaps, to start over, you didn't need big plans or dramatic changes. Maybe all it took was one small step.

Quella notte, Michele dormì meglio di quanto avesse fatto in anni. Il silenzio del paese, interrotto solo dal canto di un grillo occasionale, era un balsamo per la sua mente stanca. Al mattino, il profumo del caffè preparato da sua zia lo svegliò dolcemente.

"Buongiorno, dormiglione!" disse Laura, mentre mescolava una marmellata fatta in casa. "Oggi c'è molto da fare. Devi venire con me al mercato, e poi ho promesso al signor Giuseppe che lo avresti aiutato con l'orto."

"L'orto?" chiese Michele, confuso.

"Certo! Non preoccuparti, è solo un piccolo giardino. E Giuseppe è una fonte inesauribile di storie divertenti. Ti piacerà!"

Al mercato, Michele cominciava già a sentirsi più a suo agio. I clienti lo salutavano come se lo conoscessero da sempre. Una signora gli portò persino un pezzo di torta, dicendo: "Questo è per ringraziarti di avermi consigliato quei peperoni ieri. Erano perfetti!" Michele si rese conto di quanto fosse diverso rispetto a Milano: qui le persone erano gentili, genuine e sempre pronte a scambiare due parole.

Dopo il mercato, Michele e Laura si diressero verso la casa del signor Giuseppe. L'uomo, un settantenne con un cappello di paglia e un sorriso largo, lo accolse calorosamente. "Ah, il nipote di Laura! Ho sentito parlare di te. Vieni, ti mostro il mio regno!"

Il "regno" di Giuseppe era un orto pieno di pomodori, zucchine, basilico e un numero imprecisato di piante che Michele non riusciva nemmeno a identificare. Giuseppe gli spiegò come piantare, innaffiare e raccogliere. Ogni tanto si fermava per raccontare storie del passato, come quella volta che aveva perso una gara di ballo per colpa di un nodo alla cravatta.

Michele rideva così tanto che quasi dimenticò di essere lì per aiutare. Ma mentre lavorava con le mani nella terra, si sentiva stranamente calmo. Era un lavoro fisico, sì, ma c'era qualcosa di terapeutico nel vedere i risultati immediati del proprio impegno.

Alla fine della giornata, Giuseppe gli diede una cesta di verdure fresche come ringraziamento. "Per il tuo ottimo lavoro, giovane! E ricorda, non è mai troppo tardi per imparare qualcosa di nuovo."

That night, Michele slept better than he had in years. The silence of the town, interrupted only by the occasional chirping of a cricket, was a balm for his tired mind. In the morning, the smell of coffee prepared by his aunt gently woke him up.

"Good morning, sleepyhead!" said Laura, stirring some homemade jam. "There's a lot to do today. You need to come with me to the market, and then I promised Mr. Giuseppe you'd help him with his garden."

"The garden?" Michele asked, confused.

"Of course! Don't worry, it's just a small garden. And Giuseppe is an endless source of funny stories. You'll like him!"

At the market, Michele was already starting to feel more at ease. The customers greeted him as if they had known him forever. One lady even brought him a piece of cake, saying, "This is to thank you for recommending those peppers yesterday. They were perfect!" Michele realized how different it was from Milan: here, people were kind, genuine, and always ready to chat.

After the market, Michele and Laura headed to Mr. Giuseppe's house. The man, a seventy-year-old with a straw hat and a wide smile, welcomed him warmly. "Ah, Laura's nephew! I've heard about you. Come, I'll show you my kingdom!"

Giuseppe's "kingdom" was a garden full of tomatoes, zucchini, basil, and an uncountable number of plants Michele couldn't even identify. Giuseppe explained how to plant, water, and harvest. Every now and then, he paused to share stories from the past, like the time he lost a dance competition because of a knot in his tie.

Michele laughed so hard he almost forgot he was there to help. But as he worked with his hands in the soil, he felt strangely calm. It was physical work, yes, but there was something therapeutic about seeing the immediate results of his efforts.

At the end of the day, Giuseppe gave him a basket of fresh vegetables as a thank-you. "For your excellent work, young man! And remember, it's never too late to learn something new."

Quella sera, Michele e Laura prepararono la cena insieme. La zia gli insegnò a fare una focaccia, mentre lui raccontava le storie buffe di Giuseppe. Mentre impastavano e ridevano, Michele pensò che era da tanto tempo che non si sentiva così leggero.

"Zia," disse improvvisamente, "forse hai ragione. Forse dovrei restare qui un po' più a lungo. Non so ancora cosa voglio fare della mia vita, ma so che qui mi sento… vivo."

Laura sorrise e gli passò una manciata di olive. "Vedi, Michele, a volte non serve sapere tutto in anticipo. Basta seguire quello che ti fa stare bene."

Quando si sedettero a cena, con la focaccia ancora calda e le verdure dell'orto di Giuseppe, Michele alzò il bicchiere. "A nuovi inizi," disse.

Laura annuì. "E a non avere paura di cambiare."

Mentre brindavano, Michele guardò il cielo stellato sopra di loro. Era diverso da quello di Milano, più luminoso, più vicino. Per la prima volta, sentì che forse, solo forse, stava esattamente dove doveva essere.

Domande

1. Perché Michele decide di visitare sua zia Laura?
a. Per festeggiare il suo compleanno
b. Per sfuggire alla routine milanese
c. Per aiutare al mercato
d. Per trovare una cartolina smarrita

2. Cosa fa Michele al mercato?
a. Cucina per i clienti
b. Vende vestiti
c. Aiuta a sistemare le verdure e interagisce con i clienti
d. Compra peperoni

3. Chi è Giuseppe?
a. Un vicino di casa di Michele a Milano
b. Un cliente del mercato

That evening, Michele and Laura prepared dinner together. His aunt taught him how to make focaccia while he shared Giuseppe's funny stories. As they kneaded the dough and laughed, Michele realized it had been a long time since he had felt so lighthearted.

"Aunt," he said suddenly, "maybe you're right. Maybe I should stay here a little longer. I still don't know what I want to do with my life, but I know that here, I feel... alive."

Laura smiled and handed him a handful of olives. "You see, Michele, sometimes you don't need to know everything in advance. You just have to follow what makes you feel good."

When they sat down for dinner, with the freshly baked focaccia and vegetables from Giuseppe's garden, Michele raised his glass. "To new beginnings," he said.

Laura nodded. "And to not being afraid of change."

As they toasted, Michele looked up at the starry sky above them. It was different from the one in Milan—brighter, closer. For the first time, he felt that maybe, just maybe, he was exactly where he was meant to be.

---

c. Un anziano con un orto che Michele aiuta
d. Il fratello di Laura

4. Cosa impara Michele durante la sua visita?
a. A preparare la focaccia
b. A guidare un trattore
c. A ballare il tango
d. A costruire una casa

5. Qual è il messaggio principale della storia?
a. Non è mai troppo tardi per cambiare vita
b. La vita in città è sempre migliore
c. È importante lavorare duramente senza mai fermarsi
d. La famiglia è complicata

Il Nostro Piccolo Vigneto

Riassunto

Chiara e Marco, stanchi della loro vita in città, decidono di acquistare un piccolo vigneto in campagna. Nonostante le difficoltà iniziali e la loro inesperienza, con l'aiuto del signor Alfredo imparano a prendersi cura delle viti. Il lavoro fisico e la serenità della natura li avvicinano come coppia e li fanno scoprire una nuova passione. Dopo mesi di dedizione, producono il loro primo vino, imperfetto ma pieno di significato, simbolo di una vita semplice e autentica.

Chiara e Marco avevano sempre sognato di vivere in campagna, ma il loro lavoro in città sembrava renderlo impossibile. Lei era un'insegnante di liceo con una passione per la letteratura, lui un ingegnere sempre indaffarato. La loro vita scorreva tra riunioni, lezioni e traffico, con poco spazio per i sogni.

Un giorno, però, tutto cambiò. Marco trovò online un annuncio per la vendita di un piccolo vigneto in una valle tranquilla, a due ore dalla città. "Guarda questo!" esclamò, mostrando l'annuncio a Chiara. "Non è grande, ma potrebbe essere il nostro angolo di paradiso."

Chiara lo guardò con un misto di entusiasmo e scetticismo. "Un vigneto? Noi non sappiamo nemmeno distinguere una vite da un albero!" Marco rise. "Impareremo. Non deve essere perfetto, deve solo essere nostro."

La settimana successiva, visitarono il vigneto. La valle era spettacolare: colline verdi, un cielo azzurro senza una nuvola e una piccola casa di pietra al centro del terreno. Il vecchio proprietario, il signor Alfredo, li accolse con un sorriso. "Non è molto, ma queste viti hanno un cuore forte. Se le curate bene, vi daranno molto più di uva."

Our Little Vineyard

Summary

Chiara and Marco, tired of their city life, decide to buy a small vineyard in the countryside. Despite initial struggles and their lack of experience, they learn to care for the vines with the help of Mr. Alfredo. The physical labor and the serenity of nature bring them closer as a couple and help them discover a new passion. After months of dedication, they produce their first wine, imperfect but meaningful, symbolizing a simple and authentic life.

Chiara and Marco had always dreamed of living in the countryside, but their jobs in the city seemed to make it impossible. She was a high school teacher with a passion for literature, and he was a constantly busy engineer. Their lives revolved around meetings, classes, and traffic, leaving little room for dreams.

One day, however, everything changed. Marco found an online ad for a small vineyard for sale in a quiet valley, just two hours from the city. "Look at this!" he exclaimed, showing the ad to Chiara. "It's not big, but it could be our little piece of paradise."

Chiara looked at him with a mix of excitement and skepticism. "A vineyard? We don't even know the difference between a vine and a tree!" Marco laughed. "We'll learn. It doesn't have to be perfect; it just has to be ours."

The following week, they visited the vineyard. The valley was breathtaking: green hills, a clear blue sky without a single cloud, and a small stone house in the middle of the land. The elderly owner, Mr. Alfredo, greeted them with a smile. "It's not much, but these vines have strong hearts. If you take good care of them, they'll give you much more than just grapes."

Chiara si avvicinò a una vite e sfiorò le foglie con le dita. Era tutto così diverso dalla frenesia della città. "Forse..." iniziò a dire, ma Marco l'aveva già convinta con uno sguardo speranzoso.

Dopo aver firmato i documenti, la coppia si ritrovò proprietaria del vigneto. I primi giorni furono un disastro. Marco si procurò una vescica gigante cercando di zappare il terreno, e Chiara cercò di leggere un manuale sull'agricoltura senza capirci nulla. "Chi avrebbe mai detto che un vigneto richiedesse così tanto lavoro?" sbuffò Marco, con le mani sporche di terra.

Un giorno, mentre cercavano disperatamente di riparare una vecchia pompa per l'irrigazione, il signor Alfredo si presentò con una cesta di formaggi e pane. "Avete bisogno di aiuto," disse ridendo.

Con pazienza, Alfredo insegnò loro i rudimenti della viticoltura. Come riconoscere le viti più forti, quando potare i rami e come ascoltare la terra. "Non si tratta solo di lavoro," spiegò, "si tratta di rispettare la natura. Lei vi dirà cosa fare, se siete pronti ad ascoltarla."

A poco a poco, Chiara e Marco iniziarono a prendere confidenza con il vigneto. La mattina, il canto degli uccelli li svegliava, e le serate si concludevano con un bicchiere di vino sotto un cielo stellato. Marco, che in città era sempre stressato, si ritrovò a ridere più spesso. Chiara scoprì un talento nascosto per cucinare, usando le erbe selvatiche che trovava vicino alle viti.

Non tutto era perfetto, ovviamente. Il vigneto richiedeva ancora molte cure, e c'erano giorni in cui si sentivano sopraffatti. Ma c'era qualcosa di speciale nel sapere che quel pezzo di terra era loro, che ogni grappolo d'uva rappresentava il frutto del loro impegno e della loro pazienza.

Con il passare dei mesi, il vigneto cominciava a trasformarsi. Le viti, una volta disordinate e quasi abbandonate, ora avevano un aspetto più sano e vigoroso. Chiara e Marco, sotto la guida del signor Alfredo, avevano imparato i segreti della potatura e dell'irrigazione. Ma ciò che davvero li colpiva era quanto questo lavoro fisico li avesse avvicinati come coppia.

Chiara approached a vine and gently touched its leaves with her fingers. Everything felt so different from the chaos of the city. "Maybe..." she began to say, but Marco had already convinced her with his hopeful gaze.

After signing the paperwork, the couple found themselves the proud owners of the vineyard. The first few days were a disaster. Marco ended up with a massive blister while trying to till the soil, and Chiara tried to read a farming manual without understanding much of it. "Who would've thought a vineyard required so much work?" Marco groaned, his hands covered in dirt.

One day, as they were desperately trying to fix an old irrigation pump, Mr. Alfredo showed up with a basket of cheese and bread. "You need help," he said, laughing.

With patience, Alfredo taught them the basics of viticulture: how to identify the strongest vines, when to prune the branches, and how to listen to the land. "It's not just about hard work," he explained. "It's about respecting nature. She will tell you what to do if you're ready to listen."

Little by little, Chiara and Marco began to feel more comfortable with the vineyard. In the mornings, the birdsong woke them up, and their evenings ended with a glass of wine under a starry sky. Marco, who had always been stressed in the city, found himself laughing more often. Chiara discovered a hidden talent for cooking, using wild herbs she found near the vines.

Not everything was perfect, of course. The vineyard still demanded a lot of care, and there were days when they felt overwhelmed. But there was something special about knowing that this piece of land was theirs, that every bunch of grapes represented the fruit of their effort and patience.

As the months went by, the vineyard began to transform. The vines, once messy and almost abandoned, now looked healthier and stronger. Under Mr. Alfredo's guidance, Chiara and Marco had learned the secrets of pruning and irrigation. But what truly amazed them was how this physical work had brought them closer as a couple.

Un giorno, mentre sistemavano le reti per proteggere l'uva dagli uccelli, Marco si fermò e guardò Chiara, che era intenta a intrecciare i fili con una concentrazione quasi comica. "Sai," disse, "non ti ho mai vista così felice."

Chiara si voltò verso di lui, con una ciocca di capelli coperta di polvere. "Credo che sia perché, per la prima volta, sento di fare qualcosa che conta davvero. Qui tutto è reale. Ogni giornata ha un significato."

Una sera, mentre il sole tramontava dietro le colline, il signor Alfredo li invitò a casa sua. "Voglio farvi assaggiare qualcosa," disse, con un sorriso enigmatico. Sul tavolo c'era una bottiglia di vino con un'etichetta fatta a mano: "Vino della Valle – Annata Speciale".

"Questo è il vino prodotto con le uve del vostro vigneto, prima che io decidessi di venderlo," spiegò Alfredo, versando il vino nei bicchieri. "Voglio che sappiate cosa può nascere da questa terra, se la trattate con amore."

Chiara e Marco si guardarono negli occhi mentre assaporavano il vino. Era intenso, profondo, con un sapore che raccontava storie di sole, pioggia e terra. "È incredibile," disse Chiara. "Come possiamo raggiungere questo livello?"

"Avete già tutto quello che serve," rispose Alfredo. "Passione, pazienza e la voglia di imparare."

I mesi successivi furono un turbine di lavoro e sperimentazione. Decisero di provare a produrre il loro primo piccolo lotto di vino. Non sapevano se sarebbe stato buono, ma ogni passo del processo – dalla raccolta delle uve alla fermentazione – era una nuova avventura.

Nel frattempo, anche la comunità locale iniziò a supportarli. Il panettiere portava loro il pane fresco in cambio di qualche grappolo d'uva, e i bambini del villaggio si divertivano a correre tra i filari, riempiendo l'aria di risate.

Finalmente arrivò il giorno dell'assaggio del loro primo vino. Era una giornata limpida, e Chiara e Marco si sedettero nel loro piccolo patio, con una bottiglia e due bicchieri. "Pronta?" chiese Marco, versando il vino con mani tremanti.

One day, as they were setting up nets to protect the grapes from birds, Marco stopped and looked at Chiara, who was focused on weaving the threads with an almost comical intensity. "You know," he said, "I've never seen you this happy."

Chiara turned to him, a strand of hair covered in dust. "I think it's because, for the first time, I feel like I'm doing something that truly matters. Everything here is real. Every day has meaning."

One evening, as the sun set behind the hills, Mr. Alfredo invited them to his house. "I want you to taste something," he said, with a mysterious smile. On the table was a bottle of wine with a handmade label: "Vino della Valle – Special Vintage."

"This is the wine made from the grapes of your vineyard, before I decided to sell it," Alfredo explained, pouring the wine into their glasses. "I want you to know what this land can produce if you treat it with love."

Chiara and Marco looked into each other's eyes as they tasted the wine. It was intense, profound, with a flavor that told stories of sun, rain, and soil. "It's incredible," Chiara said. "How can we ever reach this level?"

"You already have everything you need," Alfredo replied. "Passion, patience, and the willingness to learn."

The following months were a whirlwind of work and experimentation. They decided to try producing their first small batch of wine. They didn't know if it would turn out well, but every step of the process—from harvesting the grapes to fermentation—was a new adventure.

In the meantime, the local community began to support them. The baker brought them fresh bread in exchange for a few bunches of grapes, and the village children ran through the vineyard rows, filling the air with laughter.

Finally, the day came to taste their first wine. It was a clear day, and Chiara and Marco sat on their small patio with a bottle and two glasses. "Ready?" Marco asked, pouring the wine with trembling hands.

Chiara annuì e prese un sorso. Per un momento, rimase in silenzio, fissando l'orizzonte. Poi sorrise. "Non è perfetto," disse, "ma è nostro."

Marco rise e alzò il bicchiere. "A noi, e al nostro piccolo vigneto."

Quella sera, mentre il cielo si riempiva di stelle, Chiara e Marco capirono che il vigneto non era solo un sogno diventato realtà. Era una nuova vita, costruita con fatica, amore e il desiderio di ritrovare ciò che davvero conta.

Domande

1. Perché Chiara e Marco decidono di comprare un vigneto?
a. Perché vogliono una nuova sfida
b. Per fuggire dallo stress della città
c. Per fare un investimento finanziario
d. Perché amano il vino

2. Chi è il signor Alfredo?
a. Un vicino di casa
b. Il precedente proprietario del vigneto
c. Un esperto enologo
d. Un amico d'infanzia di Marco

3. Qual è la lezione più importante che Alfredo insegna a Chiara e Marco?
a. Come costruire un sistema di irrigazione
b. Come ascoltare e rispettare la natura
c. Come vendere il vino al mercato
d. Come fare il pane

4. Come reagisce Chiara al primo sorso del loro vino?
a. È delusa perché non è perfetto
b. È felice perché il vino è loro
c. Dice che è il miglior vino che abbia mai assaggiato
d. Decide di non produrre più vino

5. Qual è il messaggio principale della storia?
a. La vita in campagna è più facile di quella in città
b. Ogni successo arriva senza difficoltà

Chiara nodded and took a sip. For a moment, she remained silent, gazing at the horizon. Then she smiled. "It's not perfect," she said, "but it's ours."

Marco laughed and raised his glass. "To us, and to our little vineyard."

That evening, as the sky filled with stars, Chiara and Marco realized that the vineyard wasn't just a dream come true. It was a new life, built with effort, love, and the desire to rediscover what truly matters.

---

c. La semplicità e il lavoro condiviso portano felicità
d. Solo i professionisti possono produrre buon vino

Un'Estate in Toscana

Riassunto

Clara, una donna di 55 anni, trascorre l'estate aiutando suo cugino Paolo a gestire un bed & breakfast in un piccolo villaggio toscano. Inizialmente sopraffatta dalle difficoltà, si adatta gradualmente e trova gioia nel ritmo di vita più semplice. Attraverso le interazioni con gli ospiti, la comunità locale e un artista di nome William, Clara riscopre la sua forza interiore e la passione per la vita. L'estate diventa un'esperienza trasformativa che le insegna il valore di uscire dalla routine e abbracciare nuove avventure.

Clara aveva sempre sognato di visitare la Toscana. Aveva letto romanzi ambientati tra le sue colline dorate, visto film con piazze pittoresche e sognato di perdersi tra i vigneti. Ma, a 55 anni, sembrava un sogno lontano. Tra il lavoro in ufficio e i figli ormai adulti che richiedevano ancora il suo aiuto, Clara non aveva mai trovato il momento giusto per partire.

Poi arrivò una chiamata inaspettata. Suo cugino Paolo, che viveva in un piccolo villaggio toscano, le chiese se poteva aiutarlo a gestire un bed & breakfast durante l'estate. "È solo per un mese," disse, "ma non riesco a farcela da solo. Ho bisogno di qualcuno di fiducia." Clara esitò. Non sapeva nulla di gestire un B&B, ma la prospettiva di trascorrere un'estate in Toscana era irresistibile.

Così, qualche settimana dopo, Clara si trovò su un treno diretto a San Casciano, un villaggio con meno di mille abitanti. Mentre il paesaggio cambiava, trasformandosi in dolci colline e campi di girasoli, Clara sentì una strana emozione: una miscela di ansia ed eccitazione.

A Summer in Tuscany

Summary

Clara, a 55-year-old woman, spends a summer helping her cousin Paolo manage a bed & breakfast in a small Tuscan village. Initially overwhelmed by the challenges, she gradually adapts and finds joy in the simpler pace of life. Through interactions with guests, the local community, and an artist named William, Clara rediscovers her inner strength and passion for life. The summer becomes a transformative experience, teaching her the value of stepping out of her routine and embracing new adventures.

Clara had always dreamed of visiting Tuscany. She had read novels set among its golden hills, seen movies with picturesque squares, and imagined herself wandering through vineyards. But at 55, it seemed like a distant dream. Between her office job and her now-adult children who still needed her help, Clara had never found the right moment to go.

Then came an unexpected phone call. Her cousin Paolo, who lived in a small Tuscan village, asked if she could help him run a bed and breakfast over the summer. "It's just for a month," he said, "but I can't manage it on my own. I need someone I can trust." Clara hesitated. She knew nothing about running a B&B, but the idea of spending a summer in Tuscany was irresistible.

A few weeks later, Clara found herself on a train headed to San Casciano, a village with fewer than a thousand inhabitants. As the landscape shifted, turning into gentle hills and sunflower fields, Clara felt a strange emotion: a mix of anxiety and excitement.

Paolo l'aspettava alla stazione con un sorriso caloroso. "Benvenuta nella tua nuova avventura!" esclamò, caricando i bagagli sulla sua vecchia Fiat. Durante il breve tragitto verso il B&B, le spiegò il lavoro. "Non preoccuparti, è semplice. Basta accogliere gli ospiti, preparare la colazione e assicurarsi che tutto sia in ordine. E poi," aggiunse con un sorriso malizioso, "ci sono i clienti... ognuno con una storia unica."

Il B&B era una casa di pietra rustica con persiane verdi e un giardino pieno di lavanda. Clara se ne innamorò immediatamente. Tuttavia, il lavoro si rivelò più complicato del previsto. La prima mattina, mentre cercava di preparare un cappuccino perfetto, la macchina del caffè esplose, spruzzandola di schiuma. Paolo, divertito, le disse: "Non preoccuparti, anche io ho fatto disastri all'inizio."

Poi arrivarono gli ospiti: una coppia francese che parlava solo poche parole di italiano, un artista inglese con uno sketchbook sempre in mano e una famiglia tedesca con due bambini iperattivi. Clara si rese conto che gestire un B&B non significava solo organizzare camere, ma anche essere un po' psicologa, mediatrice e, a volte, una figura materna.

Un pomeriggio, mentre Clara sistemava i fiori nel giardino, l'artista inglese, di nome William, le chiese di posare per un ritratto. "Ho bisogno di catturare la vera essenza della Toscana," disse, "e tu sembri parte di questo paesaggio." Clara rise, imbarazzata, ma accettò. Mentre William disegnava, le raccontò delle sue avventure in giro per il mondo, e Clara si trovò a pensare a quanto poco avesse viaggiato nella sua vita.

Ogni sera, dopo aver chiuso il B&B, Clara e Paolo si sedevano nel patio con un bicchiere di vino e chiacchieravano sotto le stelle. Paolo le raccontava storie del villaggio: la leggenda di un vecchio pozzo magico, i pettegolezzi degli abitanti e le feste locali. Clara si sentiva sempre più parte di quel mondo, lontano dalla sua vita frenetica in città.

Con il passare delle settimane, Clara iniziò a sentirsi a suo agio nella sua nuova routine. La macchina del caffè era finalmente sotto controllo, e lei riusciva persino a preparare cappuccini decorati con piccoli cuori di schiuma. Gli ospiti sembravano apprezzare il suo entusiasmo e la sua ospitalità, e ogni giorno portava nuove esperienze.

Paolo was waiting at the station with a warm smile. "Welcome to your new adventure!" he exclaimed, loading her bags into his old Fiat. During the short drive to the B&B, he explained the job. "Don't worry, it's simple. Just greet the guests, prepare breakfast, and make sure everything is in order. And," he added with a mischievous smile, "there are the guests... each with a unique story."

The B&B was a rustic stone house with green shutters and a garden full of lavender. Clara fell in love with it instantly. However, the work turned out to be more challenging than she had expected. On the first morning, as she tried to make the perfect cappuccino, the coffee machine exploded, covering her in foam. Paolo, amused, said, "Don't worry, I made plenty of messes when I started too."

Then the guests arrived: a French couple who spoke only a few words of Italian, an English artist with a sketchbook always in hand, and a German family with two hyperactive children. Clara quickly realized that running a B&B wasn't just about organizing rooms; it also meant being a bit of a psychologist, mediator, and sometimes even a maternal figure.

One afternoon, while Clara was arranging flowers in the garden, the English artist, named William, asked her to pose for a portrait. "I need to capture the true essence of Tuscany," he said, "and you seem like part of this landscape." Clara laughed, embarrassed, but agreed. As William sketched, he shared stories of his adventures around the world, and Clara found herself reflecting on how little she had traveled in her own life.

Every evening, after closing the B&B, Clara and Paolo would sit on the patio with a glass of wine and chat under the stars. Paolo would tell her village stories: the legend of an old magic well, the gossip about the locals, and tales of the town's festivals. Clara felt more and more like a part of that world, far removed from her hectic city life.

As the weeks went by, Clara began to feel at ease in her new routine. The coffee machine was finally under control, and she even managed to make cappuccinos decorated with little foam hearts. The guests seemed to appreciate her enthusiasm and hospitality, and each day brought new experiences.

Una mattina, mentre serviva la colazione, la coppia francese le chiese se potesse consigliarli su un itinerario. Clara, con il suo accento un po' traballante, provò a spiegare loro la strada per una cantina vicina. Anche se le parole non erano perfette, i loro sorrisi sinceri la rassicurarono. "Non importa se sbagli," pensò, "l'importante è condividere qualcosa di bello."

Nel frattempo, William, l'artista inglese, aveva terminato il suo ritratto di Clara. Quando glielo mostrò, lei rimase senza parole. Il disegno non era solo un'immagine di lei nel giardino, ma sembrava catturare la serenità e la forza che stava riscoprendo. "È bellissimo," disse, con un nodo in gola. "Lo è anche la tua storia," rispose William, sorridendo.

Ma non tutto era idilliaco. Un giorno, la famiglia tedesca tornò al B&B con una montagna di fango sotto le scarpe dopo una gita nei campi. Clara, esausta, si ritrovò a pulire per ore. Quando Paolo tornò la sera, trovò sua cugina con uno straccio in mano e un'espressione furiosa. "Non ce la faccio più!" sbottò Clara. Paolo scoppiò a ridere e le passò un bicchiere di vino. "Benvenuta nel vero spirito toscano: affrontare tutto con calma e un po' di umorismo."

Quella sera, Clara decise di prendersi una pausa. Prese una bicicletta del B&B e pedalò fino a una collina vicina, dove si diceva che si trovasse il famoso pozzo magico di cui Paolo le aveva parlato. Quando arrivò, trovò un semplice pozzo di pietra circondato da erba alta e qualche fiore selvatico. Non c'era nulla di magico, apparentemente, ma Clara si sedette lì per un po', ascoltando il vento. "Forse il pozzo non è magico," pensò, "ma questa pace lo è di certo."

I giorni passarono velocemente, e presto l'estate era quasi finita. Clara, che all'inizio si sentiva fuori posto, ora era diventata parte del piccolo villaggio. Conosceva i nomi di molti abitanti, sapeva preparare il pane toscano e si era persino iscritta a una piccola gara di cucina organizzata dalla comunità locale.

L'ultima sera prima di tornare in città, Paolo organizzò una cena per ringraziarla. Nel giardino del B&B, sotto una cascata di luci, si ritrovarono tutti: la coppia francese, William, la famiglia tedesca e alcuni abitanti del villaggio. Clara, commossa, si rese conto di quanto quella estate l'avesse cambiata.

One morning, while serving breakfast, the French couple asked Clara if she could suggest an itinerary. With her slightly shaky accent, she tried to explain the route to a nearby winery. Although her words weren't perfect, their sincere smiles reassured her. "It doesn't matter if I make mistakes," she thought, "what matters is sharing something beautiful."

Meanwhile, William, the English artist, had finished his portrait of Clara. When he showed it to her, she was speechless. The drawing wasn't just an image of her in the garden; it seemed to capture the serenity and strength she was rediscovering. "It's beautiful," she said, with a lump in her throat. "So is your story," William replied, smiling.

But not everything was idyllic. One day, the German family returned to the B&B with their shoes caked in mud after a trip to the fields. Exhausted, Clara spent hours cleaning up. When Paolo came back that evening, he found his cousin with a mop in hand and a furious expression. "I can't take it anymore!" Clara burst out. Paolo burst into laughter and handed her a glass of wine. "Welcome to the true Tuscan spirit: facing everything with calm and a bit of humor."

That evening, Clara decided to take a break. She took one of the B&B's bicycles and rode to a nearby hill where, according to Paolo, the famous magic well was located. When she arrived, she found a simple stone well surrounded by tall grass and a few wildflowers. There didn't seem to be anything magical about it, but Clara sat there for a while, listening to the wind. "Maybe the well isn't magical," she thought, "but this peace certainly is."

The days passed quickly, and soon the summer was almost over. Clara, who had initially felt out of place, had now become part of the small village. She knew many of the locals by name, had learned how to bake Tuscan bread, and had even signed up for a small cooking competition organized by the community.

On the last evening before she returned to the city, Paolo organized a dinner to thank her. In the garden of the B&B, under a cascade of lights, they all gathered: the French couple, William, the German family, and some villagers. Moved, Clara realized just how much that summer had changed her.

Quando arrivò il momento di salutare, William le consegnò il ritratto come regalo. "Per ricordarti di non aspettare un'altra estate per inseguire i tuoi sogni," disse. Clara sorrise, stringendo il disegno al petto.

Sulla via del ritorno in treno, Clara guardava il paesaggio che lentamente diventava città. Non sapeva cosa l'aspettasse a casa, ma era sicura di una cosa: quell'estate in Toscana non era stata solo una vacanza. Era stata una rinascita.

Domande

1. Perché Clara va in Toscana?
a. Per visitare la sua famiglia
b. Per aiutare suo cugino con il suo bed & breakfast
c. Per dipingere il paesaggio toscano
d. Per frequentare una scuola di cucina

2. Quale sfida affronta Clara il primo giorno?
a. Brucia la colazione
b. La macchina del caffè si rompe
c. Si perde nel villaggio
d. Gli ospiti si lamentano delle loro stanze

3. Chi è William e cosa fa per Clara?
a. Un agricoltore locale che le insegna il vino
b. Un artista che dipinge il suo ritratto
c. Un ospite che la aiuta a gestire il B&B
d. Uno chef che le insegna a cucinare

4. Cosa trova Clara al pozzo magico?
a. Una mappa del tesoro
b. Un senso di pace
c. Un vecchio diario
d. Un visitatore misterioso

5. Quale lezione trae Clara dalla sua estate in Toscana?
a. Il duro lavoro ripaga sempre
b. La vita è più semplice in campagna

When the time came to say goodbye, William handed her the portrait as a gift. "To remind you not to wait for another summer to chase your dreams," he said. Clara smiled, holding the drawing close to her chest.

On the train ride back, Clara watched the landscape slowly transform into the city. She didn't know what awaited her at home, but she was certain of one thing: that summer in Tuscany hadn't just been a vacation. It had been a rebirth.

---

c. Non è mai troppo tardi per abbracciare il cambiamento
d. Viaggiare è il modo migliore per sfuggire ai problemi

Il Ricordo di una Canzone

Riassunto

Matteo, un uomo di 62 anni appassionato di musica, riscopre una canzone che aveva scritto anni fa dopo averla sentita suonare da un giovane, Luca, in un parco. Con l'aiuto di Luca, Matteo registra la canzone in uno studio e decide di condividerla con la sua vecchia amica Elena. Elena organizza una serata musicale, e Matteo, superando le sue paure, si esibisce dal vivo. L'esperienza gli permette di riconnettersi con il suo passato, la sua musica e le persone che hanno influenzato il suo cammino.

Matteo era il tipo di persona che viveva per la musica. Fin da bambino, il suo mondo era stato fatto di melodie, testi e vecchi vinili trovati nei mercatini. Da giovane, aveva suonato in una piccola band, ma la vita, come spesso accade, aveva preso il sopravvento. Ora, a 62 anni, Matteo viveva una vita tranquilla in un appartamento affacciato su un parco.

Un giorno, mentre passeggiava tra gli alberi, sentì una melodia familiare. Si fermò immediatamente. Era una canzone che non ascoltava da decenni, una che lui stesso aveva scritto quando era un ragazzo pieno di sogni. La melodia proveniva da un giovane che suonava la chitarra su una panchina.

"Scusa," disse Matteo avvicinandosi, "dove hai imparato questa canzone?"

Il ragazzo, sorpreso, smise di suonare e sorrise timidamente. "L'ho trovata in un vecchio quaderno nella soffitta di mia nonna. Mi piaceva e ho deciso di provarla."

The Memory of a Song

Summary

Matteo, a 62-year-old music lover, reconnects with a song he wrote decades ago after hearing a young man named Luca play it in a park. With Luca's encouragement, Matteo records the song in a small studio, and their collaboration sparks Matteo's desire to share it with his old friend Elena. When Elena organizes a small music event, Matteo overcomes his doubts and performs the song live. The experience helps him reconnect with his past, his music, and the people who shaped his journey.

Matteo was the kind of person who lived for music. Since he was a child, his world had been filled with melodies, lyrics, and old vinyl records found at flea markets. As a young man, he had played in a small band, but life, as it often does, had taken over. Now, at 62, Matteo lived a quiet life in an apartment overlooking a park.

One day, while walking among the trees, he heard a familiar melody. He stopped immediately. It was a song he hadn't heard in decades, one he had written himself as a young man full of dreams. The melody was coming from a young man playing guitar on a bench.

"Excuse me," Matteo said, approaching him, "where did you learn that song?"

The boy, surprised, stopped playing and smiled shyly. "I found it in an old notebook in my grandmother's attic. I liked it, so I decided to give it a try."

Matteo si sentì invaso da una strana emozione. Quella canzone, La Strada per Domani, era una delle prime che aveva scritto, ispirata a un'estate passata con i suoi amici più cari. Come poteva essere finita in un quaderno dimenticato?

"Posso sedermi?" chiese. Il ragazzo annuì, e Matteo si mise accanto a lui. "Questa canzone l'ho scritta io, tanti anni fa."

Il giovane, che si chiamava Luca, sembrava incredulo. "Davvero? È incredibile! Penso che mia nonna fosse una tua fan."

Matteo rise. "O forse una vecchia amica." Decise di raccontargli la storia dietro quella canzone: un viaggio spontaneo verso il mare, una notte passata a cantare intorno a un fuoco, e l'amicizia speciale con una ragazza di nome Elena, che aveva sempre creduto nel suo talento musicale.

Ascoltando Matteo, Luca si mostrò sempre più interessato. "Sai," disse, "penso che le storie dietro le canzoni le rendano ancora più belle."

"È vero," rispose Matteo. "E questa canzone rappresenta un periodo della mia vita che non ho mai dimenticato, anche se a volte sembra così lontano."

Luca propose un'idea che colse Matteo di sorpresa: "Perché non la registriamo? Ho un piccolo studio a casa, e sarebbe bello darle nuova vita."

Matteo esitò. Non aveva più suonato in pubblico o registrato nulla da anni. Ma c'era qualcosa nell'entusiasmo di Luca che lo contagiava. "Forse è arrivato il momento di riscoprire quella parte di me," pensò.

Quella sera, tornato a casa, Matteo tirò fuori una vecchia chitarra che non toccava da tempo. Le corde erano arrugginite e lo strumento aveva visto giorni migliori, ma il semplice gesto di prenderla in mano gli fece tornare ricordi e sensazioni che credeva perdute.

Si mise a suonare, lentamente all'inizio, poi con maggiore sicurezza. La melodia di La Strada per Domani riempì la stanza, e Matteo non poté fare a meno di sorridere. Per la prima volta dopo anni, sentiva che la musica stava tornando a far parte della sua vita.

Matteo was overcome by a strange emotion. That song, La Strada per Domani, was one of the first he had ever written, inspired by a summer spent with his closest friends. How could it have ended up in a forgotten notebook?

"May I sit down?" he asked. The young man nodded, and Matteo sat beside him. "I wrote this song many years ago."

The young man, whose name was Luca, looked incredulous. "Really? That's incredible! I think my grandmother might have been a fan of yours."

Matteo laughed. "Or perhaps an old friend." He decided to share the story behind the song: a spontaneous trip to the seaside, a night spent singing around a fire, and his special friendship with a girl named Elena, who had always believed in his musical talent.

As Matteo spoke, Luca grew increasingly interested. "You know," he said, "I think the stories behind songs make them even more beautiful."

"That's true," Matteo replied. "And this song represents a time in my life I've never forgotten, even though it sometimes feels so far away."

Luca suggested an idea that took Matteo by surprise: "Why don't we record it? I have a small studio at home, and it would be great to bring it back to life."

Matteo hesitated. He hadn't played in public or recorded anything in years. But there was something about Luca's enthusiasm that was contagious. "Maybe it's time to rediscover that part of myself," he thought.

That evening, back home, Matteo pulled out an old guitar he hadn't touched in ages. The strings were rusty, and the instrument had seen better days, but simply holding it brought back memories and feelings he thought he had lost.

He began to play, slowly at first, then with growing confidence. The melody of La Strada per Domani filled the room, and Matteo couldn't help but smile. For the first time in years, he felt that music was finding its way back into his life.

Il giorno seguente, Matteo e Luca si incontrarono nel piccolo studio del ragazzo, una stanza modesta ma accogliente, piena di strumenti musicali, cavi e un computer portatile. Matteo era nervoso; non entrava in uno studio da decenni, e il pensiero di registrare di nuovo lo metteva in agitazione.

"Non ti preoccupare," disse Luca, notando l'esitazione di Matteo. "Non deve essere perfetto. È la tua canzone, e dobbiamo solo catturare la sua essenza."

Matteo annuì, prendendo la chitarra che Luca gli aveva preparato. Le prime note furono esitanti, ma ben presto le dita di Matteo trovarono il ritmo giusto. La sua voce, un po' più roca di quanto ricordasse, iniziò a intrecciarsi con la melodia.

Luca lo guardava affascinato. "Hai un modo speciale di suonare," disse. "Si sente che questa canzone fa parte di te."

Dopo un paio d'ore di prove e registrazioni, Matteo si sentiva finalmente a suo agio. "Sai," disse Luca, "questa canzone non dovrebbe restare solo per noi. Dovremmo condividerla."

L'idea spaventava Matteo, ma c'era una parte di lui che desiderava farlo. "Potrei mandarla a qualche vecchio amico," disse, quasi parlando a se stesso. "Magari a Elena, se riesco a trovarla."

Il nome fece alzare le sopracciglia a Luca. "Elena? La stessa ragazza di cui parlavi ieri?" Matteo annuì. "Non ci sentiamo da anni, ma lei è stata una delle persone più importanti della mia vita."

Quella sera, Matteo cercò tra vecchi quaderni e agende alla ricerca di un numero o un indirizzo. Finalmente trovò una vecchia lettera, ingiallita dal tempo, in cui Elena gli aveva scritto il suo ultimo recapito. Con il cuore che batteva forte, decise di chiamare.

La voce dall'altro lato del telefono era familiare, anche se un po' più matura. "Matteo? Non posso crederci!" Elena era entusiasta di risentirlo, e i due iniziarono a raccontarsi le loro vite. Quando Matteo le parlò della canzone e della registrazione, lei rimase in silenzio per un momento. "Quella canzone... mi ricorda così tanti momenti felici. Non vedo l'ora di ascoltarla di nuovo."

The next day, Matteo and Luca met in the young man's small studio, a modest yet cozy room filled with musical instruments, cables, and a laptop. Matteo was nervous; he hadn't stepped into a studio in decades, and the thought of recording again made him uneasy.

"Don't worry," Luca said, noticing Matteo's hesitation. "It doesn't have to be perfect. It's your song, and we just need to capture its essence."

Matteo nodded, taking the guitar Luca had prepared for him. The first notes were tentative, but soon Matteo's fingers found their rhythm. His voice, a bit raspier than he remembered, began to weave into the melody.

Luca watched in fascination. "You have a special way of playing," he said. "You can tell this song is a part of you."

After a couple of hours of practice and recording, Matteo finally felt at ease. "You know," Luca said, "this song shouldn't stay just between us. We should share it."

The idea scared Matteo, but part of him wanted to do it. "I could send it to a few old friends," he said, almost to himself. "Maybe even to Elena, if I can find her."

The name made Luca raise his eyebrows. "Elena? The same girl you talked about yesterday?" Matteo nodded. "We haven't spoken in years, but she was one of the most important people in my life."

That evening, Matteo searched through old notebooks and address books, looking for a number or an address. Finally, he found an old letter, yellowed with time, in which Elena had written her last contact information. With his heart pounding, he decided to call.

The voice on the other end of the line was familiar, though a bit more mature. "Matteo? I can't believe it!" Elena sounded thrilled to hear from him, and the two began catching up on their lives. When Matteo told her about the song and the recording, she was silent for a moment. "That song… it brings back so many happy memories. I can't wait to hear it again."

Pochi giorni dopo, Matteo inviò la registrazione a Elena, ma non si aspettava ciò che accadde dopo. Elena, che aveva sempre amato organizzare eventi, decise di preparare una piccola serata musicale nel suo paese per celebrare i ricordi del passato. "Non puoi dire di no," disse al telefono. "Devi suonarla dal vivo."

Matteo inizialmente resistette. "Sono troppo vecchio per queste cose," protestò. Ma Elena, con la determinazione di sempre, lo convinse. "La musica non ha età, Matteo. E questa canzone non parla solo del passato; parla di chi sei oggi."

Il giorno dell'evento arrivò, e Matteo si trovò su un piccolo palco all'aperto, circondato da luci calde e volti sorridenti. Luca lo accompagnava con la chitarra, e tra il pubblico c'erano Elena e alcuni amici che Matteo non vedeva da anni.

Quando iniziò a suonare La Strada per Domani, un silenzio emozionato cadde sulla folla. La melodia sembrava raccontare una storia che tutti, in un modo o nell'altro, conoscevano: quella dei sogni, delle amicizie e del coraggio di tornare indietro per riscoprire se stessi.

Alla fine dell'esibizione, ci fu un applauso caloroso, ma ciò che colpì Matteo fu vedere Elena con gli occhi lucidi. "Grazie," disse lei, avvicinandosi al palco. "Hai riportato indietro un pezzo della mia vita."

Mentre la serata volgeva al termine, Matteo capì che quella canzone non apparteneva più solo a lui. Apparteneva a tutti coloro che avevano vissuto, amato e sognato con lui. E per la prima volta, dopo tanto tempo, si sentiva davvero parte di una melodia che continuava a vivere.

A few days later, Matteo sent the recording to Elena, but he didn't expect what happened next. Elena, who had always loved organizing events, decided to host a small music night in her town to celebrate old memories. "You can't say no," she said over the phone. "You have to play it live."

At first, Matteo resisted. "I'm too old for this kind of thing," he protested. But Elena, with her usual determination, convinced him. "Music has no age, Matteo. And this song isn't just about the past; it's about who you are today."

The day of the event arrived, and Matteo found himself on a small outdoor stage, surrounded by warm lights and smiling faces. Luca accompanied him on guitar, and among the crowd were Elena and a few friends Matteo hadn't seen in years.

When he began to play La Strada per Domani, an emotional silence fell over the audience. The melody seemed to tell a story that everyone, in one way or another, could relate to: one of dreams, friendships, and the courage to look back in order to rediscover oneself.

At the end of the performance, there was a heartfelt round of applause, but what struck Matteo most was seeing Elena with tears in her eyes. "Thank you," she said, approaching the stage. "You've brought back a piece of my life."

As the evening drew to a close, Matteo realized that the song no longer belonged just to him. It belonged to everyone who had lived, loved, and dreamed alongside him. And for the first time in a long while, he felt truly part of a melody that continued to live on.

Domande

1. Dove sente Matteo per la prima volta la sua vecchia canzone?
a. In un parco
b. In un caffè
c. A un festival musicale
d. Alla radio

2. Cosa suggerisce Luca a Matteo?
a. Di scrivere una nuova canzone
b. Di registrare la vecchia canzone in uno studio
c. Di insegnargli a suonare la chitarra
d. Di organizzare un concerto

3. Chi è Elena nella vita di Matteo?
a. La sua amica d'infanzia e sostenitrice della sua musica
b. Sua cugina
c. La sua vicina di casa
d. Un'artista locale

4. Cosa organizza Elena dopo aver ascoltato la canzone registrata?
a. Un concerto per la comunità
b. Una competizione musicale
c. Una cena privata
d. Un incontro con la vecchia band di Matteo

5. Cosa realizza Matteo dopo aver eseguito la canzone?
a. La musica può riconnettere persone e ricordi
b. Preferisce comporre piuttosto che esibirsi
c. Gli manca vivere in città
d. Vuole formare una nuova band

A quick message!

If you're enjoying our book so far, would you consider leaving a review on the Amazon page where you purchased it?

Your honest feedback would greatly help us improve our efforts and allow other students like you to discover and enjoy the same opportunity to learn Italian

Thank you for your support!

The Acquire A Lot Team.

La Casa che Abbiamo Costruito

Riassunto

Luca e Serena, sposati da oltre 20 anni, decidono di realizzare il loro sogno di costruire una casa che rifletta la loro famiglia e la loro storia. Nonostante le difficoltà, come temporali e errori di progettazione, lavorano insieme con l'aiuto dei figli Matteo e Giulia. Piantano un ulivo come simbolo del loro viaggio e creano una capsula del tempo con oggetti significativi. Quando la casa è pronta, festeggiano con amici e parenti, capendo che la casa non è solo una struttura, ma il riflesso della loro vita condivisa.

Luca e Serena erano sposati da più di vent'anni, ma ancora conservavano lo stesso sogno che avevano avuto fin da giovani: costruire una casa tutta loro. Non una casa qualsiasi, ma una che rappresentasse la loro storia, le loro esperienze e la loro famiglia.

"Non possiamo più rimandare," disse Serena un sabato mattina, guardando un vecchio album di foto della loro prima casa in affitto. "Dobbiamo farlo ora, prima che i ragazzi siano troppo grandi per aiutarci."

Luca annuì, ma con un po' di preoccupazione. "Costruire una casa da zero non è una passeggiata," rispose. "E se sbagliamo qualcosa?"

"Abbiamo affrontato cose peggiori," ribatté Serena con un sorriso. "Abbiamo ristrutturato quella cucina, ricordati."

E così, qualche settimana dopo, iniziarono. Il terreno lo avevano comprato anni prima, un appezzamento circondato da alberi, con una vista sulle colline che sembrava uscita da una cartolina. I primi giorni furono un misto di entusiasmo e caos.

The House We Built

Summary

Luca and Serena, married for over 20 years, decide to fulfill their dream of building a house that reflects their family and history. Despite challenges like storms and design errors, they work as a team, with help from their children Matteo and Giulia. They plant an olive tree as a symbol of their journey and create a time capsule with meaningful objects. When the house is complete, they celebrate with friends and family, realizing the house is not just a structure but a reflection of their shared life and love.

Luca and Serena had been married for over twenty years, yet they still held onto the same dream they'd had since they were young: building a home of their own. Not just any house, but one that represented their story, their experiences, and their family.

"We can't keep putting this off," Serena said one Saturday morning as she looked through an old photo album of their first rental home. "We have to do it now, before the kids are too old to help us."

Luca nodded, though with a hint of worry. "Building a house from scratch isn't easy," he replied. "What if we mess something up?"

"We've faced worse things," Serena countered with a smile. "Remember when we remodeled that kitchen?"

And so, a few weeks later, they began. They had bought the land years ago—a plot surrounded by trees with a view of the hills that looked like it belonged on a postcard. The first few days were a mix of excitement and chaos.

Disegnare i progetti, cercare materiali e gestire i fornitori si rivelò più complicato di quanto avessero immaginato.

Un giorno, mentre cercavano di decidere dove posizionare le finestre, il figlio maggiore, Matteo, propose un'idea: "E se facessimo una finestra enorme in salotto, così possiamo vedere le colline anche da dentro?"

Serena e Luca si guardarono. Non era previsto, ma l'idea era perfetta. Decisero di includerla nel progetto.

Con il passare del tempo, il lavoro cominciò a prendere forma. Serena, che aveva sempre avuto un occhio artistico, si occupava di scegliere i colori per le pareti e le piastrelle per il bagno. Luca, invece, si dedicava a lavori più pratici, come montare le travi del tetto. Ogni sera, dopo una giornata di lavoro, si ritrovavano tutti insieme – loro e i ragazzi – a mangiare panini seduti su vecchie sedie portate da casa.

C'erano momenti in cui tutto sembrava andare storto. Un temporale improvviso danneggiò una parte del tetto che Luca aveva appena finito di montare, e una volta Serena ordinò piastrelle della misura sbagliata per il bagno. Ma ogni difficoltà sembrava rafforzare il loro spirito di squadra.

Un giorno, mentre lavoravano alla terrazza, Serena trovò una vecchia scatola che Luca aveva portato senza dirle nulla. Dentro c'erano oggetti che avevano collezionato nei loro anni insieme: una chiave arrugginita della loro prima casa, un quaderno con i disegni che Matteo faceva da bambino e persino un vecchio biglietto di un cinema.

"Pensavo di metterla nel muro della casa, come una specie di capsula del tempo," spiegò Luca, un po' imbarazzato.

Serena lo guardò commossa. "È perfetto," disse.

Quando la struttura della casa fu finalmente completata, sembrava ancora lontana dall'essere abitabile. Ma, per la prima volta, Luca e Serena iniziarono a vedere il loro sogno prendere vita.

Designing the plans, sourcing materials, and managing suppliers turned out to be more complicated than they had imagined.

One day, while trying to decide where to place the windows, their eldest son, Matteo, suggested an idea: "What if we put a huge window in the living room so we can see the hills from inside?"

Serena and Luca looked at each other. It wasn't part of the original plan, but the idea was perfect. They decided to include it in the design.

As time passed, the work began to take shape. Serena, who had always had an artistic eye, took charge of choosing the wall colors and tiles for the bathroom. Luca, on the other hand, focused on more practical tasks, like installing the roof beams. Every evening, after a day of hard work, they all gathered—Serena, Luca, and the kids—to eat sandwiches while sitting on old chairs they had brought from home.

There were moments when everything seemed to go wrong. A sudden storm damaged part of the roof Luca had just finished installing, and once, Serena accidentally ordered tiles of the wrong size for the bathroom. But every challenge seemed to strengthen their teamwork.

One day, while working on the terrace, Serena found an old box that Luca had brought without telling her. Inside were items they had collected over the years: a rusty key from their first house, a notebook filled with Matteo's childhood drawings, and even an old movie ticket.

"I thought we could put it inside the wall of the house, like a kind of time capsule," Luca explained, a little embarrassed.

Serena looked at him, moved. "It's perfect," she said.

When the house's structure was finally completed, it still seemed far from livable. But for the first time, Luca and Serena began to see their dream coming to life.

Con la struttura completata, Luca e Serena iniziarono a concentrarsi sui dettagli che avrebbero trasformato quella casa in un vero rifugio per la famiglia. Le giornate erano ancora lunghe e faticose, ma c'era una nuova energia nell'aria.

"Abbiamo bisogno di un caminetto," disse Serena un giorno, mentre guardava lo spazio centrale del salotto. "Sarà il cuore della casa."

Luca annuì, anche se non era sicuro di come costruirne uno. "Immagino che possiamo guardare qualche tutorial online," scherzò, ma Serena già sfogliava vecchie riviste di design alla ricerca di ispirazione.

Il caminetto diventò un progetto di famiglia. Matteo e sua sorella Giulia aiutarono a raccogliere pietre dal terreno circostante, mentre Luca e Serena si occupavano della costruzione. Quando fu finalmente completato, sembrava uscito da una foto: semplice ma accogliente, perfetto per le fredde serate d'inverno.

Un pomeriggio, mentre lavoravano nel giardino, Giulia propose un'idea inaspettata. "Perché non piantiamo un albero? Uno che rappresenti questa casa e tutto ciò che significa per noi."

La famiglia adorò l'idea. Trovarono un giovane ulivo in un vivaio locale e lo piantarono vicino alla terrazza, in un punto da cui si poteva vedere tutta la valle. "L'ulivo è un simbolo di pace e forza," disse Serena, posizionando l'ultima pala di terra. "È perfetto."

Con il tempo, la casa iniziò a riempirsi di vita. I mobili arrivarono poco a poco, molti dei quali erano pezzi restaurati che Luca e Serena avevano trovato nei mercatini. Ogni oggetto sembrava raccontare una storia: il tavolo della cucina era stato un vecchio banco scolastico, e le sedie del salotto provenivano da un teatro in disuso.

Una sera, mentre la famiglia si riuniva attorno al nuovo caminetto, Serena tirò fuori la scatola che avevano trovato durante i lavori. "Credo sia il momento di metterla al suo posto," disse.

Insieme, decisero di murarla vicino all'ingresso, dietro una pietra che Luca aveva contrassegnato con una piccola incisione.

With the structure complete, Luca and Serena began focusing on the details that would turn the house into a true family haven. The days were still long and tiring, but there was a renewed energy in the air.

"We need a fireplace," Serena said one day as she looked at the central space in the living room. "It will be the heart of the house."

Luca nodded, though he wasn't quite sure how to build one. "I guess we could watch some tutorials online," he joked, but Serena was already flipping through old design magazines for inspiration.

The fireplace became a family project. Matteo and his sister Giulia helped gather stones from the surrounding land, while Luca and Serena handled the construction. When it was finally finished, it looked like it belonged in a photograph: simple yet cozy, perfect for cold winter evenings.

One afternoon, while working in the garden, Giulia suggested an unexpected idea. "Why don't we plant a tree? Something that represents this house and everything it means to us."

The family loved the idea. They found a young olive tree at a local nursery and planted it near the terrace, in a spot with a perfect view of the valley. "The olive tree is a symbol of peace and strength," Serena said as she placed the final shovelful of soil. "It's perfect."

Over time, the house began to come to life. Furniture arrived little by little, much of it restored pieces that Luca and Serena had found at flea markets. Every item seemed to tell a story: the kitchen table had once been an old school desk, and the living room chairs came from a disused theater.

One evening, as the family gathered around the new fireplace, Serena brought out the box they had found during the construction. "I think it's time to put this in its place," she said.

Together, they decided to seal it near the entrance, behind a stone that Luca had marked with a small engraving.

"Così, ogni volta che entreremo in questa casa, sapremo che qui ci sono i nostri ricordi," disse Matteo.

Quando finalmente arrivò il giorno in cui la casa era pronta, Luca e Serena organizzarono una piccola festa per inaugurare il loro nuovo rifugio. Invitarono amici e parenti, e la casa si riempì di risate, musica e profumo di cibo.

Mentre il sole tramontava e le colline intorno si tingevano di arancione, Serena si prese un momento per guardare tutto ciò che avevano costruito insieme. "Non è solo una casa," disse a Luca. "È la storia della nostra vita."

Luca sorrise, prendendole la mano. "Ed è solo l'inizio."

Domande

1. Cosa ha ispirato Luca e Serena a costruire finalmente la loro casa?
a. Il suggerimento dei loro figli
b. Il loro sogno di avere una casa che rifletta la loro famiglia
c. Un regalo di un amico di famiglia
d. Vincere alla lotteria

2. Cosa ha deciso la famiglia di aggiungere al soggiorno?
a. Una libreria
b. Un grande quadro
c. Un camino
d. Un pianoforte

3. Qual è il significato di piantare l'albero di ulivo?
a. Per aggiungere ombra al giardino
b. Per simboleggiare pace e forza
c. Per fornire olive per cucinare
d. Per segnare il luogo della loro capsula del tempo

4. Dove ha messo la famiglia la capsula del tempo?
a. In giardino
b. Dentro il camino

"So, every time we step into this house, we'll know our memories are here," Matteo said.

When the day finally came that the house was ready, Luca and Serena organized a small celebration to inaugurate their new refuge. They invited friends and family, and the house filled with laughter, music, and the aroma of food.

As the sun set and the hills around them turned shades of orange, Serena took a moment to look at everything they had built together. "This isn't just a house," she said to Luca. "It's the story of our life."

Luca smiled, taking her hand. "And it's only the beginning."

---

c. Dietro una pietra vicino all'ingresso
d. Sotto l'albero di ulivo

5. Cosa realizza Serena durante la festa di inaugurazione della casa?
a. La casa rappresenta la loro vita e il loro amore condiviso
b. Dovrebbero iniziare a costruire un'altra casa
c. I loro figli vogliono andare via di casa
d. La casa ha bisogno di più mobili

Un Viaggio nella Terra degli Avi

Riassunto

Claudia, intrigued by the stories of her grandmother Rosa, embarks on a journey to the Italian village of Castello Fiorito to discover her family's roots. Guided by an elderly local, Maria, Claudia visits her family's old house and vineyard, finding artifacts and stories that connect her to her ancestors. She also uncovers her bisnonna's contributions to the community, such as building a fountain still standing in the village. By the end of her journey, Claudia feels deeply connected to her heritage, understanding her identity more clearly.

Claudia aveva sempre saputo che le sue radici erano italiane. Da bambina, ascoltava i racconti della nonna Rosa, che parlava di un piccolo paese sulle colline del Lazio, dove la vita scorreva lenta tra vigne e ulivi. Ma quegli aneddoti, per quanto affascinanti, erano rimasti sempre un po' lontani, quasi come se appartenessero a un altro mondo.

A 47 anni, dopo la scomparsa della nonna, Claudia si ritrovò con una vecchia scatola di legno piena di lettere, fotografie in bianco e nero e un quaderno con una calligrafia elegante. "La storia della famiglia," le aveva detto Rosa prima di morire. "Un giorno capirai quanto è importante."

Incuriosita, Claudia iniziò a sfogliare quei tesori dimenticati. Tra le pagine del quaderno trovò il nome di un paese che non aveva mai sentito nominare: Castello Fiorito. "Devo andare," pensò. Era come se la voce della nonna la stesse chiamando attraverso quelle parole.

A Journey to the Land of My Ancestors

Summary

Claudia, incuriosita dai racconti della nonna Rosa, intraprende un viaggio nel villaggio italiano di Castello Fiorito per scoprire le sue radici familiari. Guidata da Maria, un'anziana del posto, Claudia visita la vecchia casa e il vigneto della sua famiglia, trovando oggetti e storie che la avvicinano ai suoi antenati. Scopre anche il contributo della sua bisnonna alla comunità, come la costruzione di una fontana ancora presente nel paese. Alla fine del viaggio, Claudia si sente profondamente connessa alle sue radici e comprende meglio la sua identità.

Claudia had always known that her roots were Italian. As a child, she would listen to her grandmother Rosa's stories about a small village in the hills of Lazio, where life moved slowly among vineyards and olive groves. But those anecdotes, as fascinating as they were, always felt distant, almost as if they belonged to another world.

At 47, after her grandmother's passing, Claudia found herself with an old wooden box filled with letters, black-and-white photographs, and a notebook with elegant handwriting. "The story of the family," Rosa had told her before she died. "One day, you'll understand how important it is."

Intrigued, Claudia began leafing through those forgotten treasures. Among the pages of the notebook, she found the name of a village she had never heard of: Castello Fiorito. "I have to go," she thought. It was as if her grandmother's voice was calling to her through those words.

Dopo settimane di pianificazione, Claudia partì per l'Italia. Era la sua prima volta nel paese dei suoi avi, e ogni dettaglio la affascinava: il suono della lingua, il profumo del caffè nei bar, i colori caldi delle case.

Quando finalmente arrivò a Castello Fiorito, rimase senza fiato. Il paese era un gioiello nascosto tra le colline, con strade strette, case di pietra e gerani rossi che decoravano ogni balcone. Nonostante non conoscesse nessuno, Claudia sentiva di essere arrivata a casa.

Il primo giorno lo trascorse esplorando. Visitò la piccola chiesa, dove trovò un registro parrocchiale che conteneva nomi familiari. "Rosa De Luca," lesse ad alta voce, sentendo un brivido lungo la schiena. "Eccola."

Mentre usciva dalla chiesa, una donna anziana le si avvicinò. "Posso aiutarti?" le chiese in un italiano gentile. Claudia spiegò di essere alla ricerca della storia della sua famiglia. La donna, che si presentò come Maria, sorrise. "Conoscevo tua nonna," disse. "Era una donna forte, una vera De Luca. Vieni, ti mostro qualcosa."

Maria la condusse fino a una vecchia casa ai margini del paese. "Qui viveva la tua famiglia," disse, indicando la porta di legno ormai scolorita. "Questa casa è vuota da anni, ma se vuoi, possiamo entrare."

Con il cuore che le batteva forte, Claudia varcò la soglia. L'interno era polveroso e pieno di ragnatele, ma c'era un'atmosfera speciale. Sul muro c'erano ancora appesi vecchi quadri, e in un angolo trovò un baule. Dentro, c'erano abiti, libri e un piccolo diario.

Quella sera, Claudia tornò nella sua stanza in un bed & breakfast e cominciò a leggere il diario. Era della sua bisnonna, che raccontava della vita quotidiana nel paese, delle feste, delle difficoltà e dei sogni. Ogni parola sembrava avvicinarla di più alla sua famiglia e alle sue radici.

Il giorno seguente, Claudia si svegliò presto con un misto di curiosità ed emozione. Il diario della bisnonna conteneva molte storie, ma anche alcune domande rimaste senza risposta. Decise di cercare Maria, sperando che potesse aiutarla a collegare i pezzi mancanti.

Maria la accolse con il solito sorriso caloroso e una tazza di caffè forte.

After weeks of planning, Claudia set off for Italy. It was her first time in the land of her ancestors, and every detail fascinated her: the sound of the language, the aroma of coffee in the cafés, the warm colors of the houses.

When she finally arrived at Castello Fiorito, she was left breathless. The village was a hidden gem among the hills, with narrow streets, stone houses, and red geraniums decorating every balcony. Despite not knowing anyone, Claudia felt as though she had come home.

She spent her first day exploring. She visited the small church, where she found a parish register containing familiar names. "Rosa De Luca," she read aloud, a shiver running down her spine. "There she is."

As she left the church, an elderly woman approached her. "Can I help you?" she asked in gentle Italian. Claudia explained that she was searching for her family's history. The woman, who introduced herself as Maria, smiled. "I knew your grandmother," she said. "She was a strong woman, a true De Luca. Come, I'll show you something."

Maria led her to an old house on the edge of the village. "This is where your family lived," she said, pointing to the now faded wooden door. "This house has been empty for years, but if you'd like, we can go inside."

With her heart pounding, Claudia stepped through the doorway. The interior was dusty and filled with cobwebs, but there was something special about the atmosphere. Old pictures still hung on the walls, and in one corner, she found a trunk. Inside were clothes, books, and a small diary.

That evening, Claudia returned to her room at a bed and breakfast and began reading the diary. It belonged to her great-grandmother and detailed everyday life in the village—celebrations, struggles, and dreams. Each word seemed to bring her closer to her family and her roots.

The next morning, Claudia woke up with a mix of curiosity and excitement. Her great-grandmother's diary was full of stories but also left some unanswered questions. She decided to find Maria again, hoping she could help connect the missing pieces.

Maria greeted her with the same warm smile and a cup of strong coffee.

"Ho pensato che potresti voler vedere questo," disse, porgendole una fotografia sbiadita. Era una foto di gruppo: uomini e donne in abiti semplici, con sguardi seri ma fieri. Tra loro, Claudia riconobbe il viso della sua bisnonna.

"Questa foto è stata scattata durante la raccolta dell'uva," spiegò Maria. "La tua famiglia aveva un piccolo vigneto qui vicino. Se vuoi, possiamo andarci."

Claudia accettò con entusiasmo. Camminarono lungo un sentiero sterrato fino a raggiungere una collina coperta di viti selvatiche. "Non c'è più molto da vedere," disse Maria, "ma qui è dove tutto ha avuto inizio."

Mentre guardava il paesaggio, Claudia provò un senso di connessione profonda. Era come se potesse sentire le risate e i canti dei suoi antenati durante le vendemmie. Decise di raccogliere un piccolo grappolo di uva come simbolo da portare con sé.

Più tardi, tornata al paese, Claudia entrò in una piccola libreria dove trovò un uomo di mezza età intento a sistemare vecchi volumi. Si presentò come Marco, un appassionato di storia locale. Quando Claudia gli parlò della sua famiglia, Marco sembrò interessato. "De Luca?" disse. "Quella famiglia era molto rispettata qui. Se vuoi, posso mostrarti alcuni documenti nell'archivio comunale."

Passarono il pomeriggio a sfogliare registri e lettere. Tra i documenti, trovarono una nota che parlava di una donazione fatta dalla bisnonna di Claudia per costruire una fontana nel centro del paese. "La fontana è ancora lì," disse Marco. "È un simbolo di gratitudine verso la comunità."

Quella sera, Claudia decise di visitare la fontana. L'acqua scorreva tranquilla, riflettendo le luci calde delle case intorno. Sentiva che ogni passo fatto in quel paese l'aveva avvicinata un po' di più alle sue radici.

Il suo ultimo giorno a Castello Fiorito fu pieno di emozioni. Maria e Marco organizzarono una piccola festa per salutarla. Alcuni abitanti del paese si unirono, raccontandole storie della sua famiglia e offrendole piatti tipici. Claudia si sentiva come se fosse parte di quel mondo, anche se l'aveva appena conosciuto.

"I thought you might want to see this," Maria said, handing her a faded photograph. It was a group photo: men and women in simple clothes, their expressions serious yet proud. Among them, Claudia recognized the face of her great-grandmother.

"This photo was taken during the grape harvest," Maria explained. "Your family had a small vineyard nearby. If you'd like, we can go there."

Claudia eagerly accepted. They walked along a dirt path until they reached a hill covered in wild vines. "There's not much left to see," Maria said, "but this is where it all began."

As she looked at the landscape, Claudia felt a deep sense of connection. It was as if she could hear the laughter and songs of her ancestors during the harvest. She decided to pick a small bunch of grapes as a keepsake to take with her.

Later, back in the village, Claudia entered a small bookstore where she found a middle-aged man organizing old volumes. He introduced himself as Marco, a local history enthusiast. When Claudia told him about her family, Marco seemed intrigued. "De Luca?" he said. "That family was very respected here. If you're interested, I can show you some documents in the town archives."

They spent the afternoon poring over records and letters. Among the documents, they found a note mentioning a donation made by Claudia's great-grandmother to build a fountain in the center of the village. "The fountain is still there," Marco said. "It's a symbol of gratitude to the community."

That evening, Claudia decided to visit the fountain. The water flowed peacefully, reflecting the warm lights of the surrounding houses. She felt that every step she had taken in the village had brought her closer to her roots.

Her last day in Castello Fiorito was filled with emotion. Maria and Marco organized a small farewell party for her. Some villagers joined in, sharing stories about her family and offering her traditional dishes. Claudia felt as though she was a part of this world, even though she had only just discovered it.

Prima di partire, tornò alla vecchia casa della sua famiglia. Lasciò un piccolo biglietto nel baule che aveva trovato: "Grazie per avermi insegnato chi sono."

Mentre il treno si allontanava da Castello Fiorito, Claudia guardava il paesaggio collinare con occhi nuovi. Non era solo un viaggio nella terra degli avi; era stato un viaggio verso se stessa.

Domande

1. Cosa spinge Claudia a viaggiare a Castello Fiorito?
a. Un diario e delle foto lasciate dalla nonna
b. Una lettera di un parente lontano
c. Una vecchia mappa dell'Italia
d. Un documentario sui villaggi italiani

2. Cosa trova Claudia nella vecchia casa della sua famiglia?
a. Un diario scritto dalla sua bisnonna
b. Una collezione di monete antiche
c. Una mappa dettagliata del villaggio
d. Un dipinto del vigneto

3. Chi aiuta Claudia a scoprire la storia della sua famiglia?
a. Maria, una donna del posto, e Marco, un appassionato di storia
b. Un gruppo di turisti in visita al villaggio
c. Un prete locale e un bibliotecario
d. Un suo cugino lontano che vive nella zona

4. Qual è il significato della fontana nel villaggio?
a. Segna il luogo di un antico pozzo
b. È stata costruita grazie alla donazione della sua bisnonna
c. Commemora una battaglia storica
d. Simboleggia l'unità della comunità

Before leaving, Claudia returned to her family's old house. She placed a small note inside the trunk she had found: "Thank you for teaching me who I am."

As the train pulled away from Castello Fiorito, Claudia gazed at the rolling hills with new eyes. It hadn't just been a journey to the land of her ancestors; it had been a journey to herself.

---

5. Come si sente Claudia alla fine del suo viaggio?

a. Disconnessa dalle sue radici

b. Profondamente connessa al suo patrimonio e alla sua identità

c. Sopraffatta dalla complessità del passato della sua famiglia

d. Indifferente alle sue scoperte

L'Arte di Trovare il Tempo

Riassunto

Giulia, sopraffatta dalla sua vita frenetica, riscopre l'equilibrio e la gioia cambiando il suo rapporto con il tempo. Ispirata da un libro, inizia a rallentare e a dare priorità ai momenti significativi. Le sue "giornate lente" la portano a connettersi con la famiglia, a scoprire nuovi hobby come la ceramica e persino a esporre le sue creazioni. Imparando a creare tempo anziché inseguirlo, Giulia trasforma la sua routine quotidiana in una fonte di soddisfazione e felicità.

Giulia era sempre di corsa. Ogni giorno iniziava con una lunga lista di cose da fare: il lavoro in ufficio, le commissioni, gli appuntamenti dei figli, le chiamate interminabili. Ogni sera si ritrovava esausta sul divano, guardando l'orologio e chiedendosi dove fosse finito il tempo.

Una mattina, mentre cercava disperatamente le chiavi della macchina, suo marito Marco le disse: "Giulia, non puoi continuare così. Devi trovare un modo per respirare."

"E quando dovrei trovare il tempo per respirare?" rispose lei con sarcasmo. Ma quelle parole le rimasero in mente.

Quella sera, mentre metteva in ordine alcuni vecchi libri, ne trovò uno con una copertina consumata. Si intitolava L'Arte di Trovare il Tempo. Lo aveva comprato anni prima, convinta che l'avrebbe aiutata, ma non lo aveva mai aperto. Incuriosita, iniziò a sfogliarlo.

Il libro era pieno di consigli su come rallentare e vivere nel presente. Una frase la colpì particolarmente: "Il tempo non si trova, si crea." Giulia sospirò. Creare il tempo? Con tutte le cose che aveva da fare, sembrava impossibile.

The Art of Finding Time

Summary

Giulia, overwhelmed by her hectic life, rediscovers balance and joy by changing her relationship with time. Inspired by a book, she begins to slow down and prioritize meaningful moments. Her "slow days" lead her to connect with her family, discover new hobbies like pottery, and even showcase her creations. By learning to create time rather than chase it, Giulia transforms her daily routine into a source of fulfillment and happiness.

Giulia was always in a rush. Every day started with a long to-do list: office work, errands, her children's appointments, endless phone calls. Every evening she found herself exhausted on the couch, staring at the clock and wondering where all the time had gone.

One morning, while desperately searching for her car keys, her husband Marco said, "Giulia, you can't go on like this. You need to find a way to breathe."

"And when am I supposed to find time to breathe?" she replied sarcastically. But those words stuck with her.

That evening, while tidying up some old books, she came across one with a worn-out cover. Its title was The Art of Finding Time. She had bought it years ago, convinced it would help her, but had never opened it. Curious, she started flipping through its pages.

The book was full of advice on how to slow down and live in the present. One sentence particularly struck her: "Time is not found; it is created." Giulia sighed. Create time? With everything she had to do, it seemed impossible.

Decise di provarci comunque. La mattina seguente, invece di controllare le email appena sveglia, si sedette sul balcone con una tazza di caffè. Per la prima volta dopo tanto tempo, si prese qualche minuto per guardare il cielo e ascoltare gli uccelli. Era un piccolo gesto, ma le sembrò già un grande cambiamento.

Poco a poco, iniziò a fare altre modifiche. Rinunciò a rispondere ai messaggi di lavoro fuori orario, delegò alcune commissioni a Marco e stabilì che la domenica sarebbe stata "giornata senza tecnologia". All'inizio, i suoi colleghi e amici non capirono. "Sei sicura che sia una buona idea?" le chiese una collega. "Potresti sembrare meno disponibile."

Ma Giulia si accorse che, invece di perdere tempo, stava guadagnando energia. Un pomeriggio, durante una delle sue "giornate lente", decise di visitare un piccolo parco vicino casa che non aveva mai notato prima. Si sedette su una panchina con un libro, ma presto si ritrovò a osservare le persone intorno a lei: un bambino che inseguiva una farfalla, un anziano che leggeva il giornale, una coppia che rideva mentre condivideva un gelato.

Fu in quel momento che capì qualcosa di importante: il tempo non era solo nelle cose che faceva, ma anche nei momenti che viveva. Tornò a casa quella sera con una nuova consapevolezza e una leggerezza che non provava da anni.

Con il passare delle settimane, Giulia si rese conto che il suo rapporto con il tempo stava cambiando. Non era più una lotta contro l'orologio, ma una danza, un equilibrio tra ciò che era necessario e ciò che la faceva stare bene.

Una mattina, mentre stava preparando la colazione, sua figlia Emma le chiese: "Mamma, perché sembri più felice ultimamente?" Giulia sorrise, sorpresa dalla domanda. "Forse perché ho imparato che non tutto deve essere fatto subito," rispose, accarezzandole i capelli.

Emma, curiosa, le chiese se poteva partecipare a una delle sue "giornate lente". Così, quella domenica, Giulia e la sua famiglia lasciarono i telefoni a casa e andarono in un piccolo villaggio vicino, famoso per i mercatini e le passeggiate.

She decided to try anyway. The next morning, instead of checking her emails as soon as she woke up, she sat on the balcony with a cup of coffee. For the first time in a long while, she took a few minutes to look at the sky and listen to the birds. It was a small gesture, but it already felt like a big change.

Little by little, she began making other adjustments. She stopped replying to work messages outside of office hours, delegated some errands to Marco, and declared Sundays as "no-technology days." At first, her colleagues and friends didn't understand. "Are you sure this is a good idea?" a coworker asked her. "You might seem less available."

But Giulia realized that instead of losing time, she was gaining energy. One afternoon, during one of her "slow days," she decided to visit a small park near her house that she had never noticed before. She sat on a bench with a book, but soon found herself observing the people around her: a child chasing a butterfly, an elderly man reading a newspaper, a couple laughing while sharing an ice cream.

It was at that moment that she understood something important: time wasn't just in the things she did, but in the moments she experienced. She returned home that evening with a new sense of awareness and a lightness she hadn't felt in years.

As the weeks went by, Giulia realized her relationship with time was changing. It was no longer a battle against the clock but a dance, a balance between what was necessary and what made her feel good.

One morning, while she was preparing breakfast, her daughter Emma asked her, "Mom, why do you seem happier lately?" Giulia smiled, surprised by the question. "Maybe it's because I've learned that not everything needs to be done right away," she replied, stroking Emma's hair.

Curious, Emma asked if she could join one of her "slow days." So that Sunday, Giulia and her family left their phones at home and went to a small nearby village, famous for its markets and scenic walks.

Passeggiarono tra le bancarelle, assaggiarono formaggi locali e si fermarono a guardare un artista di strada che dipingeva paesaggi.

Marco, che inizialmente era scettico su queste giornate senza tecnologia, confessò quella sera: "Sai, è stato bello non controllare le email per un giorno. Dovremmo farlo più spesso."

Giulia cominciò anche a dedicare più tempo a se stessa. Una sera, decise di iscriversi a un corso di ceramica. Non sapeva nulla di argilla o tornio, ma c'era qualcosa nel creare con le mani che la affascinava. La prima lezione fu un disastro: il vaso che cercava di modellare si ruppe in mille pezzi. Ma, invece di sentirsi frustrata, scoppiò a ridere. "Non importa," pensò, "sto imparando."

Il corso di ceramica divenne un appuntamento fisso del giovedì sera. Presto, Giulia scoprì che non era solo un hobby, ma una sorta di meditazione. Ogni volta che modellava l'argilla, il resto del mondo sembrava svanire.

Un giorno, la sua insegnante di ceramica le chiese: "Hai mai pensato di esporre i tuoi lavori?" Giulia rise, pensando che fosse uno scherzo. "Non sono una professionista," disse. Ma l'insegnante insistette. "Non si tratta di essere perfetti. Si tratta di condividere qualcosa di personale."

Alla fine, accettò. Durante una piccola mostra organizzata dal corso, espose i suoi vasi e tazze, imperfetti ma pieni di carattere. Fu un successo. Una donna comprò una delle sue tazze dicendo: "Mi piace perché sembra fatta con amore."

Quella sera, mentre tornava a casa, Giulia si rese conto di quanto fosse cambiata. Non solo aveva trovato il tempo per se stessa, ma aveva anche imparato a riempirlo con cose che contavano davvero.

Seduta sul balcone con una tazza di tè, ripensò alla frase letta nel libro: "Il tempo non si trova, si crea." E per la prima volta nella sua vita, sentì di avere imparato l'arte di trovare il tempo.

They strolled through the market stalls, tasted local cheeses, and stopped to watch a street artist painting landscapes.

Marco, who had initially been skeptical about these no-technology days, confessed that evening, "You know, it was nice not checking emails for a day. We should do this more often."

Giulia also began dedicating more time to herself. One evening, she decided to enroll in a pottery class. She didn't know anything about clay or the pottery wheel, but there was something about creating with her hands that fascinated her. The first lesson was a disaster: the vase she was trying to shape shattered into a thousand pieces. But instead of feeling frustrated, she burst out laughing. "It doesn't matter," she thought, "I'm learning."

The pottery class became a regular Thursday evening event. Soon, Giulia discovered that it wasn't just a hobby but a form of meditation. Every time she worked with clay, the rest of the world seemed to disappear.

One day, her pottery instructor asked her, "Have you ever thought about exhibiting your work?" Giulia laughed, thinking it was a joke. "I'm not a professional," she said. But the instructor insisted. "It's not about being perfect. It's about sharing something personal."

Eventually, she agreed. During a small exhibition organized by the class, she displayed her vases and cups—imperfect but full of character. It was a success. A woman bought one of her cups, saying, "I like it because it feels made with love."

That evening, as she walked home, Giulia realized how much she had changed. Not only had she found time for herself, but she had also learned to fill it with things that truly mattered.

Sitting on the balcony with a cup of tea, she thought back to the phrase she had read in the book: "Time isn't found; it's created." And for the first time in her life, she felt she had mastered the art of finding time.

Domande

1. Cosa spinge Giulia a cambiare il suo rapporto con il tempo?
a. Una frase letta in un libro
b. Un consiglio del marito
c. Una conversazione con una collega
d. Una vacanza rilassante

2. Come Giulia trascorre le sue "giornate lente"?
a. Controllando meno messaggi e visitando posti nuovi
b. Facendo sport intensivi
c. Lavorando a progetti personali senza interruzioni
d. Organizzando eventi con amici

3. Qual è l'effetto del corso di ceramica su Giulia?
a. Diventa un'attività meditativa e gratificante
b. Si sente frustrata dalla difficoltà del processo
c. Decide di abbandonarlo per mancanza di tempo
d. Lo considera solo un passatempo temporaneo

4. Cosa succede durante la mostra di ceramica?

a. Giulia vende alcune delle sue creazioni

b. Giulia non espone i suoi lavori per paura di fallire

c. La mostra viene annullata per mancanza di partecipanti

d. Solo i suoi amici comprano le sue opere

5. Qual è il messaggio principale della storia?

a. La creatività è una parte essenziale della vita

b. Rallentare e creare tempo può portare felicità e soddisfazione

c. Le giornate lente sono adatte solo a chi non ha responsabilità

d. È impossibile trovare un equilibrio tra lavoro e vita personale

Le Lettere di Mio Padre

Riassunto

Lorenzo, che ha perso il padre da bambino, scopre una scatola di lettere che il padre ha scritto per lui prima di morire. Le lettere contengono consigli, storie e incoraggiamenti, spingendo Lorenzo a riflettere sulle sue scelte di vita. Una lettera lo conduce a un lago della sua infanzia, dove trova una bussola e un messaggio che lo incoraggia a seguire la sua strada. Ispirato, Lorenzo decide di inseguire il sogno di scrivere un libro e pubblica "Le Lettere di Mio Padre", che commuove molte persone. Durante il processo, Lorenzo riscopre il legame con la memoria del padre e trova un nuovo senso di scopo.

Lorenzo non aveva mai conosciuto veramente suo padre. Era morto quando lui aveva appena sette anni, lasciando dietro di sé una scia di ricordi confusi e frammenti di storie raccontate dalla madre. Da adulto, Lorenzo spesso si chiedeva che tipo di persona fosse stato suo padre, ma la vita lo aveva sempre tenuto troppo occupato per approfondire.

Un giorno, mentre aiutava sua madre a svuotare la soffitta della vecchia casa di famiglia, trovò una scatola di legno coperta di polvere. Sopra c'era scritto a mano: "Per Lorenzo." Incuriosito, la aprì e scoprì un tesoro inaspettato: un fascio di lettere, tutte indirizzate a lui.

"Cos'è questo?" chiese a sua madre, mostrando le lettere. Lei sorrise con un'ombra di malinconia. "Tuo padre le ha scritte prima di morire. Disse che un giorno avresti dovuto leggerle."

Lorenzo sentì un nodo alla gola. Non aveva mai immaginato che suo padre avesse lasciato qualcosa di così personale. Portò la scatola a casa e quella sera si sedette al tavolo della cucina, esitando prima di aprire la prima lettera.

My Father's Letters

Summary

Lorenzo, who lost his father at a young age, discovers a box of letters his father wrote for him before passing away. The letters offer advice, stories, and encouragement, guiding Lorenzo to reflect on his life choices. One letter leads him to a lake from his childhood, where he finds a compass and a message urging him to follow his own path. Inspired, Lorenzo decides to pursue his dream of writing a book, eventually publishing "My Father's Letters", which touches the lives of many. Along the way, Lorenzo reconnects with his father's memory and finds a renewed sense of purpose.

Lorenzo had never really known his father. He had passed away when Lorenzo was just seven years old, leaving behind a trail of hazy memories and fragments of stories told by his mother. As an adult, Lorenzo often wondered what kind of person his father had been, but life had always kept him too busy to dig deeper.

One day, while helping his mother clear out the attic of their old family home, he came across a dusty wooden box. On the lid, written by hand, were the words: "For Lorenzo." Intrigued, he opened it and discovered an unexpected treasure: a bundle of letters, all addressed to him.

"What is this?" he asked his mother, showing her the letters. She smiled with a shadow of melancholy. "Your father wrote them before he died. He said that one day you should read them."

Lorenzo felt a lump in his throat. He had never imagined that his father had left behind something so personal. He took the box home, and that evening, he sat at the kitchen table, hesitating before opening the first letter.

"Caro Lorenzo," iniziava. "Se stai leggendo questa lettera, significa che sono ormai un ricordo. Ma voglio che tu sappia chi ero e cosa avrei voluto insegnarti."

Le parole sembravano venire da un'altra epoca, ma Lorenzo sentiva la voce di suo padre come se fosse lì accanto a lui. La prima lettera parlava di piccoli insegnamenti: l'importanza di essere gentili, di ascoltare gli altri e di trovare la bellezza nelle cose semplici.

Ogni sera, Lorenzo leggeva una lettera. Alcune erano piene di consigli pratici, come gestire le sfide della vita o affrontare le delusioni. Altre raccontavano storie personali, come il giorno in cui suo padre aveva conosciuto sua madre o l'emozione provata quando Lorenzo era nato.

Una lettera in particolare lo colpì profondamente. Parlava dei sogni che suo padre aveva avuto ma che non aveva mai realizzato. "Non commettere il mio errore," scriveva. "Segui i tuoi sogni, anche quando sembrano impossibili."

Lorenzo si accorse di quante somiglianze ci fossero tra lui e suo padre, e di quanto quelle parole stessero influenzando il modo in cui guardava la sua vita. Cominciò a mettere in discussione alcune delle sue scelte. Era soddisfatto del lavoro? Delle relazioni? Stava vivendo come avrebbe voluto?

Una sera, trovò una lettera diversa dalle altre. Era più breve e conteneva una sola frase: "Vai al lago dove pescavamo da bambini. Lì troverai un ultimo regalo."

Lorenzo non riuscì a dormire quella notte. Il giorno dopo, decise di seguire le istruzioni.

La mattina seguente, Lorenzo si alzò presto, il cuore pieno di aspettative e un leggero senso di inquietudine. Il lago di cui parlava la lettera si trovava a un'ora di macchina dalla città, in una zona dove la sua famiglia aveva trascorso molte estati. Non ci tornava da anni, ma i ricordi delle giornate passate a pescare con suo padre gli tornarono alla mente mentre guidava lungo le strade immerse nel verde.

"Dear Lorenzo," it began. "If you're reading this letter, it means I am now just a memory. But I want you to know who I was and what I would have wanted to teach you."

The words seemed to come from another time, but Lorenzo could hear his father's voice as if he were right next to him. The first letter spoke of small lessons: the importance of kindness, listening to others, and finding beauty in simple things.

Every evening, Lorenzo read one letter. Some were filled with practical advice, like how to handle life's challenges or cope with disappointments. Others shared personal stories, such as the day his father met his mother or the emotions he felt when Lorenzo was born.

One letter in particular struck him deeply. It spoke about the dreams his father had but never realized. "Don't make my mistake," it read. "Follow your dreams, even when they seem impossible."

Lorenzo began to notice how many similarities he shared with his father and how those words were influencing the way he viewed his life. He started questioning some of his choices. Was he satisfied with his job? His relationships? Was he living the life he truly wanted?

One evening, he found a letter unlike the others. It was shorter and contained just one sentence: "Go to the lake where we used to fish when you were a child. There, you will find one last gift."

Lorenzo couldn't sleep that night. The next day, he decided to follow the instructions.

The following morning, Lorenzo woke up early, his heart filled with anticipation and a slight sense of unease. The lake mentioned in the letter was an hour's drive from the city, in an area where his family had spent many summers. He hadn't been there in years, but as he drove along the tree-lined roads, memories of days spent fishing with his father came flooding back.

Quando arrivò, il lago era esattamente come lo ricordava: tranquillo, circondato da alberi e con l'acqua che rifletteva il cielo come uno specchio. Lorenzo si sedette sulla riva, cercando di capire dove potesse trovarsi l'"ultimo regalo" menzionato nella lettera. Guardò intorno, ma non c'era nulla di evidente.

Dopo qualche minuto, si alzò e iniziò a camminare lungo il bordo del lago. Ad ogni passo, osservava attentamente l'ambiente circostante, fino a quando notò qualcosa di insolito: una piccola scatola di metallo nascosta tra le radici di un vecchio albero. La scatola era arrugginita, ma il coperchio si aprì facilmente.

Dentro c'era un'altra lettera, insieme a un oggetto che Lorenzo riconobbe subito: una vecchia bussola che suo padre portava sempre con sé durante le loro escursioni. Era un oggetto semplice, ma per Lorenzo aveva un valore inestimabile.

Aprì la lettera con mani tremanti. "Caro Lorenzo," iniziava, "se hai trovato questa bussola, significa che hai avuto il coraggio di seguire i miei passi. Voglio che tu ricordi una cosa: la vita è come questa bussola. Non importa quanto ti senti perso, c'è sempre una direzione. Seguila con fiducia."

Lorenzo chiuse gli occhi, cercando di contenere l'emozione. Quelle parole sembravano scritte apposta per il momento che stava vivendo. Si rese conto di quanto spesso si fosse sentito bloccato, incapace di fare scelte che lo rendessero davvero felice.

Passò il resto della giornata seduto sulla riva, riflettendo su ciò che aveva letto. Pensò al lavoro, che gli dava sicurezza economica ma che non gli piaceva più da anni. Pensò ai suoi sogni di scrivere un libro, accantonati per mancanza di tempo o di coraggio. E pensò alla bussola, che sembrava dirgli di non aver paura di cambiare rotta.

Quella sera, tornato a casa, Lorenzo prese una decisione. Avrebbe lasciato il lavoro e avrebbe finalmente dedicato tempo alla scrittura. Non sapeva se avrebbe avuto successo, ma sentiva che era la cosa giusta da fare.

When he arrived, the lake was exactly as he remembered: peaceful, surrounded by trees, and with water that reflected the sky like a mirror. Lorenzo sat on the shore, trying to figure out where the "last gift" mentioned in the letter might be. He looked around, but nothing obvious stood out.

After a few minutes, he stood up and began walking along the edge of the lake. With each step, he carefully observed his surroundings until he noticed something unusual: a small metal box hidden among the roots of an old tree. The box was rusty, but the lid opened easily.

Inside, there was another letter along with an object Lorenzo immediately recognized: an old compass his father used to carry during their hikes. It was a simple item, but for Lorenzo, it held immeasurable value.

With trembling hands, he opened the letter. "Dear Lorenzo," it began, "if you've found this compass, it means you've had the courage to follow in my footsteps. I want you to remember one thing: life is like this compass. No matter how lost you feel, there is always a direction. Follow it with confidence."

Lorenzo closed his eyes, trying to hold back his emotions. Those words seemed written specifically for the moment he was living. He realized how often he had felt stuck, unable to make choices that truly made him happy.

He spent the rest of the day sitting by the shore, reflecting on what he had read. He thought about his job, which provided financial security but had not brought him joy for years. He thought about his dreams of writing a book, shelved due to a lack of time or courage. And he thought about the compass, which seemed to tell him not to fear changing direction.

That evening, back home, Lorenzo made a decision. He would leave his job and finally dedicate time to writing. He didn't know if he would succeed, but he felt it was the right thing to do.

Le lettere continuarono a guidarlo nei mesi successivi. Ogni volta che si sentiva perso o scoraggiato, ne rileggeva una, trovando conforto nelle parole di suo padre. Lentamente, Lorenzo iniziò a scrivere il suo libro. All'inizio era solo un progetto personale, ma col tempo prese forma.

Un anno dopo, il manoscritto era completo. Lo intitolò "Le Lettere di Mio Padre", un omaggio a quegli scritti che avevano cambiato la sua vita. Quando il libro fu pubblicato, Lorenzo ricevette lettere e messaggi da lettori di ogni parte del mondo, che si erano emozionati leggendo la sua storia.

Ma il momento più significativo arrivò durante una presentazione del libro, quando una donna anziana si avvicinò con gli occhi lucidi. "Tuo padre era un uomo speciale," disse. "Lo conoscevo, e avrebbe voluto dirti quanto fosse orgoglioso di te."

Lorenzo si sentì sopraffatto dall'emozione, ma anche incredibilmente grato. Non solo per le lettere, ma per il dono che suo padre gli aveva lasciato: il coraggio di vivere seguendo la propria bussola.

Domande

1. Cosa trova Lorenzo nella soffitta di famiglia?
a. Una scatola di lettere scritte da suo padre
b. Una vecchia mappa della casa
c. Un album fotografico della sua infanzia
d. Un diario segreto della madre

2. Quale oggetto Lorenzo trova vicino al lago?
a. Una bussola appartenuta a suo padre
b. Una foto di suo padre pescando
c. Una chiave arrugginita
d. Una pietra incisa con il nome della sua famiglia

3. Cosa rappresenta la bussola per Lorenzo?
a. La sicurezza economica
b. Il coraggio di trovare la sua direzione nella vita
c. Un legame con la casa d'infanzia
d. Un ricordo di un viaggio passato

The letters continued to guide him in the following months. Every time he felt lost or discouraged, he reread one, finding comfort in his father's words. Slowly, Lorenzo began writing his book. At first, it was just a personal project, but over time it took shape.

A year later, the manuscript was complete. He titled it The Letters from My Father, a tribute to the writings that had changed his life. When the book was published, Lorenzo received letters and messages from readers all over the world who had been moved by his story.

But the most meaningful moment came during a book presentation, when an elderly woman approached him with tearful eyes. "Your father was a special man," she said. "I knew him, and he would have wanted to tell you how proud he was of you."

Lorenzo felt overwhelmed with emotion but also incredibly grateful. Not just for the letters, but for the gift his father had left him: the courage to live by following his own compass.

---

4. Quale decisione prende Lorenzo dopo aver letto le lettere?
a. Lascia il lavoro per dedicarsi alla scrittura
b. Ristruttura la casa di famiglia
c. Si trasferisce vicino al lago
d. Decide di tornare a scuola

5. Qual è il messaggio principale della storia?
a. I ricordi familiari devono essere conservati con cura
b. Seguire i propri sogni richiede coraggio e ispirazione
c. Il successo è più importante della felicità personale
d. I legami familiari possono ostacolare i propri obiettivi

Un'Amicizia al Mercato dell'Antiquariato

Riassunto

Silvia, inizialmente poco interessata ai mercati dell'antiquariato, rimane affascinata da una fotografia di una donna sorridente di nome Giulia, datata 1954. Spinta dalla curiosità, intraprende un viaggio per scoprire la storia di Giulia. Con l'aiuto di un venditore del mercato, di una vicina anziana e del fratello di Giulia, Paolo, Silvia scopre che Giulia si trasferì in Francia per inseguire i suoi sogni, ma col tempo si persero i contatti. Paolo dona a Silvia un quaderno scritto da Giulia, pieno di pensieri e aspirazioni. Anche se il mistero resta irrisolto, Silvia trova ispirazione nello spirito avventuroso di Giulia e nel legame con il passato.

Silvia non era mai stata una grande appassionata di mercati dell'antiquariato, ma quel sabato mattina si lasciò convincere dalla sua amica Carla. "Devi venire," le aveva detto, "troverai oggetti pieni di storia. E poi, è un bel modo per passare del tempo."

Con qualche esitazione, Silvia si trovò a camminare tra le bancarelle di un vecchio mercato in una piazza affollata. C'erano mobili antichi, lampade, orologi, e scatole piene di oggetti curiosi. Carla era entusiasta, ma Silvia si limitava a osservare con un interesse moderato, sentendosi un po' fuori posto.

Mentre passava davanti a una bancarella di libri vecchi, un oggetto catturò la sua attenzione: una cornice d'argento con una fotografia in bianco e nero. Nell'immagine c'era una giovane donna che sorrideva, seduta su una bicicletta accanto a un campo di girasoli.

A Friendship at the Antique Market

Summary

Silvia, initially uninterested in antique markets, becomes captivated by a photograph of a smiling woman named Giulia, dated 1954. Intrigued, she embarks on a journey to uncover Giulia's story. With the help of a market vendor, an elderly neighbor, and Giulia's brother Paolo, Silvia learns that Giulia left for France to pursue her dreams but lost touch over the years. Paolo gives Silvia a notebook written by Giulia, filled with her thoughts and aspirations. Though the mystery remains incomplete, Silvia finds inspiration in Giulia's adventurous spirit and her connection to the past.

Silvia had never been particularly fond of antique markets, but that Saturday morning she let herself be persuaded by her friend Carla. "You have to come," Carla had said. "You'll find objects full of history. Plus, it's a nice way to spend time."

With some hesitation, Silvia found herself walking among the stalls of an old market in a crowded square. There were antique furniture, lamps, clocks, and boxes full of curious items. Carla was thrilled, but Silvia limited herself to observing with moderate interest, feeling a bit out of place.

As she passed by a stall of old books, an object caught her eye: a silver frame with a black-and-white photograph. The image showed a young woman smiling, sitting on a bicycle next to a field of sunflowers.

"È bella, vero?" disse il venditore, un uomo anziano con un cappello di paglia. "L'ho trovata in una vecchia soffitta. Chissà chi è."

Silvia non sapeva spiegare perché, ma quella foto le trasmetteva qualcosa di familiare, quasi come se conoscesse la donna ritratta. Decise di comprarla, pensando che sarebbe stata un bel ricordo di quella giornata insolita.

Più tardi, mentre Carla si perdeva tra le bancarelle di gioielli, Silvia si sedette su una panchina per guardare meglio la foto. Notò una scritta sul retro: "Giulia, estate 1954." Quel nome le suonava vagamente familiare, ma non riusciva a collegarlo a nulla di specifico.

"Bella foto," disse una voce accanto a lei. Silvia alzò lo sguardo e vide un uomo con un sorriso gentile. "Scusi, non volevo spaventarla. Sono Antonio, lavoro qui al mercato."

Silvia sorrise. "Piacere, io sono Silvia. L'ho appena comprata, ma non so nulla di questa Giulia."

Antonio si sedette accanto a lei, osservando la fotografia con curiosità. "Sai," disse, "ho visto questa immagine molte volte negli anni. Ogni tanto appare in qualche mercato. È quasi come se volesse raccontare una storia."

La conversazione si trasformò in un lungo scambio. Antonio le raccontò del suo amore per i mercati dell'antiquariato, di come ogni oggetto avesse un'anima e una storia da scoprire. Silvia, che inizialmente si era sentita estranea a quel mondo, cominciò a guardare il mercato con occhi diversi.

Quando Carla tornò con una borsa piena di acquisti, trovò Silvia e Antonio immersi nella conversazione. "Vedo che ti sei ambientata," scherzò Carla. Silvia rise e, per la prima volta quel giorno, si sentì davvero coinvolta.

Prima di andarsene, Antonio le diede un consiglio. "Se vuoi scoprire di più su Giulia, potresti provare a cercare in qualche archivio fotografico o chiedere ai venditori locali. A volte, le foto hanno un modo strano di connettere le persone."

"She's beautiful, isn't she?" said the seller, an elderly man wearing a straw hat. "I found it in an old attic. Who knows who she is."

Silvia couldn't explain why, but the photo gave her a sense of familiarity, almost as if she knew the woman in the picture. She decided to buy it, thinking it would be a nice keepsake from this unusual day.

Later, while Carla got lost among the jewelry stalls, Silvia sat on a bench to take a closer look at the photo. She noticed writing on the back: "Giulia, summer 1954." The name sounded vaguely familiar, but she couldn't connect it to anything specific.

"Beautiful photo," said a voice next to her. Silvia looked up and saw a man with a kind smile. "Sorry, I didn't mean to startle you. I'm Antonio, I work here at the market."

Silvia smiled. "Nice to meet you, I'm Silvia. I just bought it, but I don't know anything about this Giulia."

Antonio sat down beside her, observing the photograph with curiosity. "You know," he said, "I've seen this image many times over the years. It pops up at markets every now and then. It's almost as if it wants to tell a story."

The conversation turned into a long exchange. Antonio told her about his love for antique markets, how every object had a soul and a story waiting to be discovered. Silvia, who had initially felt like an outsider in that world, began to see the market through different eyes.

When Carla returned with a bag full of purchases, she found Silvia and Antonio deep in conversation. "I see you've settled in," Carla joked. Silvia laughed, and for the first time that day, she felt truly engaged.

Before she left, Antonio gave her some advice. "If you want to learn more about Giulia, you could try looking through some photo archives or asking local vendors. Sometimes, photos have a strange way of connecting people."

Silvia tornò a casa con la fotografia e una nuova curiosità. Quella sera, mentre osservava il sorriso della donna nella cornice, si chiese chi fosse stata Giulia e quale fosse la sua storia.

Il giorno dopo, Silvia non riusciva a smettere di pensare alla fotografia. Decise di seguire il consiglio di Antonio e provare a scoprire qualcosa in più su Giulia. Iniziò il suo viaggio nel passato tornando al mercato dell'antiquariato. Sperava di trovare il venditore anziano che le aveva venduto la cornice.

Quando lo trovò, lui stava sistemando una scatola di vecchie cartoline. "Ah, sei tornata!" esclamò con un sorriso. "Ti piace ancora la fotografia?"

"Mi piace così tanto che voglio saperne di più," rispose Silvia. "Conosci qualcosa su Giulia o sulla persona che potrebbe aver lasciato questa foto?"

Il venditore scosse la testa. "Purtroppo no. L'ho trovata in una casa che stavano svuotando. Ma posso dirti dov'era quella casa, se ti interessa."

Silvia prese nota dell'indirizzo. La casa si trovava in un quartiere vecchio della città, con edifici che sembravano carichi di storia. Quando arrivò, trovò un piccolo condominio con una facciata di mattoni e balconi pieni di fiori. Silvia esitò per un momento, ma poi decise di chiedere informazioni ai vicini.

Una donna anziana aprì la porta di un appartamento al primo piano. "Mi scusi, sto cercando informazioni su una certa Giulia," disse Silvia, mostrando la fotografia.

La donna guardò l'immagine e rimase in silenzio per un momento. "Giulia..." mormorò. "Sì, la conoscevo. Era una mia vicina molti anni fa. Una ragazza vivace, sempre sorridente. Ma se ne andò nel 1954, proprio quell'estate. Non l'ho più vista da allora."

Silvia si sentì colpita dalla coincidenza. "Sa dove andò o se c'è qualcuno che potrebbe sapere di più su di lei?"

La donna rifletté. "Aveva un fratello, Paolo. Non vive qui da tempo, ma credo che abbia un negozio di libri usati in centro."

Silvia returned home with the photograph and a newfound curiosity. That evening, as she looked at the woman's smile in the frame, she wondered who Giulia had been and what her story was.

The next day, Silvia couldn't stop thinking about the photograph. She decided to follow Antonio's advice and try to learn more about Giulia. Her journey into the past began with a return to the antique market, hoping to find the elderly seller who had sold her the frame.

When she found him, he was sorting through a box of old postcards. "Ah, you're back!" he exclaimed with a smile. "Do you still like the photograph?"

"I like it so much that I want to know more about it," Silvia replied. "Do you know anything about Giulia or the person who might have left this photo?"

The seller shook his head. "Unfortunately, no. I found it in a house that was being cleared out. But I can tell you where that house is, if you're interested."

Silvia took note of the address. The house was in an old neighborhood of the city, with buildings that seemed steeped in history. When she arrived, she found a small apartment building with a brick façade and balconies filled with flowers. Silvia hesitated for a moment but decided to ask the neighbors for information.

An elderly woman opened the door of an apartment on the first floor. "Excuse me, I'm looking for information about someone named Giulia," Silvia said, showing her the photograph.

The woman looked at the picture and remained silent for a moment. "Giulia..." she murmured. "Yes, I knew her. She was my neighbor many years ago. A lively girl, always smiling. But she left in 1954, that very summer. I never saw her again after that."

Silvia was struck by the coincidence. "Do you know where she went or if there's someone who might know more about her?"

The woman thought for a moment. "She had a brother, Paolo. He hasn't lived here for a long time, but I believe he has a used bookstore downtown."

Silvia ringraziò e si diresse al negozio. Il posto era affascinante, con scaffali pieni di volumi polverosi e un odore di carta antica. Dietro il bancone c'era un uomo anziano che assomigliava vagamente alla donna della fotografia.

"Buongiorno," disse Silvia. "Sto cercando informazioni su Giulia. Mi chiamo Silvia, e credo che lei possa essere suo fratello."

Paolo alzò lo sguardo e fissò la fotografia. "Quella è mia sorella," disse con voce calma. "Dove l'hai trovata?"

Silvia spiegò la storia del mercato e della cornice. Paolo sorrise, visibilmente emozionato. "Giulia è sempre stata una donna speciale," disse. "Amava la vita, i viaggi e le persone. Quell'estate del 1954 lasciò la città per trasferirsi in Francia, dove sognava di lavorare in una biblioteca. Scriveva spesso, ma col tempo le lettere si diradarono. L'ultima volta che l'ho vista è stato più di quarant'anni fa."

Silvia sentì un misto di tristezza e curiosità. "Crede che sia ancora in Francia?" chiese.

"Non lo so," rispose Paolo, "ma mi fa piacere sapere che la sua fotografia è arrivata fino a te. È come se continuasse a raccontare la sua storia."

Prima di andarsene, Paolo regalò a Silvia un piccolo quaderno. "Lo scrisse prima di partire," disse. "Contiene i suoi pensieri, i suoi sogni. Forse troverai qualche risposta lì dentro."

Quella sera, Silvia si sedette con il quaderno e iniziò a leggerlo. Ogni pagina era piena di entusiasmo per il futuro, di descrizioni poetiche e di piccoli disegni. Ma c'era una frase alla fine che le rimase impressa: "La vita è un'avventura, e ogni oggetto che amiamo porta con sé una parte di noi."

Silvia chiuse il quaderno con un sorriso. Non sapeva se avrebbe mai scoperto tutta la storia di Giulia, ma sentiva di aver trovato qualcosa di altrettanto prezioso: una connessione con una persona che, in qualche modo, le aveva insegnato a guardare il mondo con occhi nuovi.

Silvia thanked him and headed to the shop. The place was fascinating, with shelves full of dusty volumes and the smell of old paper. Behind the counter stood an elderly man who vaguely resembled the woman in the photograph.

"Good morning," Silvia said. "I'm looking for information about Giulia. My name is Silvia, and I believe you might be her brother."

Paolo looked up and stared at the photograph. "That is my sister," he said calmly. "Where did you find it?"

Silvia explained the story about the market and the frame. Paolo smiled, visibly moved. "Giulia was always a special woman," he said. "She loved life, traveling, and people. That summer of 1954, she left the city to move to France, where she dreamed of working in a library. She used to write often, but over time the letters became fewer. The last time I saw her was more than forty years ago."

Silvia felt a mix of sadness and curiosity. "Do you think she's still in France?" she asked.

"I don't know," Paolo replied, "but I'm glad to know her photograph has made its way to you. It's as if she continues to tell her story."

Before she left, Paolo gave Silvia a small notebook. "She wrote this before leaving," he said. "It contains her thoughts, her dreams. Maybe you'll find some answers inside."

That evening, Silvia sat down with the notebook and began reading it. Every page was filled with enthusiasm for the future, poetic descriptions, and small drawings. But there was one phrase at the end that stuck with her: "Life is an adventure, and every object we love carries a part of us with it."

Silvia closed the notebook with a smile. She didn't know if she would ever uncover all of Giulia's story, but she felt she had found something equally precious: a connection with someone who, in some way, had taught her to see the world with fresh eyes.

Domande

1. Cosa spinge Silvia a voler saperne di più su Giulia?
a. Un diario trovato nel mercato
b. Una fotografia comprata al mercato dell'antiquariato
c. Una lettera lasciata da Giulia
d. Una conversazione con Paolo

2. Chi aiuta Silvia a scoprire la storia di Giulia?
a. Un gruppo di turisti al mercato
b. Un venditore, una vicina e il fratello di Giulia, Paolo
c. Un vecchio amico di Giulia
d. Un bibliotecario del villaggio

3. Cosa rivela Paolo su Giulia?
a. Che si trasferì in Francia per lavorare in una biblioteca
b. Che visse sempre nel loro villaggio
c. Che scriveva romanzi ma non li pubblicò mai
d. Che insegnava arte ai bambini

4. Cosa contiene il quaderno che Paolo regala a Silvia?

a. Disegni e fotografie di Giulia

b. I pensieri e i sogni di Giulia

c. Una mappa dei viaggi di Giulia

d. Ricette di cucina della loro famiglia

5. Qual è il messaggio principale della storia?

a. Gli oggetti d'antiquariato sono preziosi

b. Ogni oggetto porta con sé una parte della storia di chi lo possedeva

c. È impossibile conoscere davvero il passato

d. Solo la famiglia può raccontare le storie del passato

Il Segreto di un Buon Caffè

Riassunto

Marco, proprietario di un piccolo bar a Firenze, è famoso per il suo caffè, considerato il migliore della città. Quando Daniel, un aspirante barista americano, visita il suo bar, decide di scoprire il segreto di Marco. Durante alcuni giorni di apprendistato, Daniel impara che il caffè perfetto non riguarda solo la tecnica, ma anche la capacità di creare una connessione significativa con ogni cliente. Ispirato dalla saggezza di Marco, Daniel torna a casa e apre il suo bar, portando con sé l'idea che ogni tazzina di caffè è un'occasione per far sentire speciale qualcuno.

Marco gestiva un piccolo bar nel cuore di Firenze, un luogo frequentato sia da turisti curiosi che da abitanti del quartiere. Ogni mattina, alle sette in punto, alzava la serranda e accendeva la macchina del caffè. Per lui, preparare un buon caffè non era solo un lavoro, ma un'arte.

I clienti più affezionati dicevano che il suo caffè era il migliore della città. "Non so cosa ci metti, ma è perfetto ogni volta," gli diceva spesso un cliente abituale, il signor Bianchi, mentre sorseggiava il suo espresso con un sorriso soddisfatto. Marco si limitava a sorridere, senza mai rivelare il suo segreto.

Ma la verità era che nemmeno Marco sapeva con certezza perché il suo caffè fosse così speciale. Seguiva le stesse regole di sempre: una miscela di qualità, l'acqua alla giusta temperatura e una macchina ben pulita. Eppure, c'era qualcosa di più, qualcosa che non riusciva a spiegare nemmeno a sé stesso.

The Secret to a Perfect Coffee

Summary

Marco, the owner of a small café in Florence, is known for making the best coffee in the city. When Daniel, an American aspiring barista, visits his café, he becomes determined to uncover Marco's secret. Over the course of several days, Daniel learns that the perfect coffee is not just about technique but about creating a meaningful connection with each customer. Inspired by Marco's wisdom, Daniel returns home and opens his own café, carrying with him the lesson that every cup of coffee is an opportunity to make someone feel special.

Marco managed a small café in the heart of Florence, a place frequented by both curious tourists and neighborhood residents. Every morning, at exactly seven o'clock, he would raise the shutter and turn on the coffee machine. For him, making a good coffee was not just a job but an art.

The most loyal customers would say that his coffee was the best in the city. "I don't know what you put in it, but it's perfect every time," Mr. Bianchi, a regular customer, would often tell him while sipping his espresso with a satisfied smile. Marco would simply smile, never revealing his secret.

But the truth was that not even Marco knew exactly why his coffee was so special. He followed the same rules as always: a quality blend, water at the right temperature, and a well-maintained machine. And yet, there was something more, something he couldn't even explain to himself.

Un giorno, un giovane turista americano di nome Daniel entrò nel bar. "Un espresso, per favore," disse, osservando con curiosità i movimenti precisi di Marco mentre preparava la bevanda. Quando assaggiò il caffè, i suoi occhi si illuminarono. "Questo è incredibile!" esclamò. "Devo sapere come lo fai."

Marco sorrise. "Non c'è un grande segreto," disse, ma Daniel non sembrava convinto.

"Sto studiando per diventare un barista," spiegò il ragazzo. "E ho viaggiato in tutta Italia per imparare dai migliori. Ma questo... questo è diverso."

Incuriosito dall'entusiasmo di Daniel, Marco accettò di mostrargli il suo processo. Gli spiegò l'importanza della miscela, di scegliere chicchi freschi e macinati al momento. Gli mostrò come pulire il filtro e come pressare il caffè con precisione.

Daniel ascoltava attentamente, prendendo appunti su un piccolo taccuino. Ma alla fine, sembrava ancora perplesso. "C'è qualcosa di più," disse. "Qualcosa che non mi stai dicendo."

Marco rise. "Forse è l'atmosfera," suggerì. "Il caffè è fatto anche di piccoli dettagli: la musica in sottofondo, il profumo nell'aria, il modo in cui sorridi al cliente mentre servi la tazzina."

Daniel ci pensò un attimo, poi annuì. "Forse hai ragione. Un buon caffè non è solo il gusto, è un'esperienza."

Il giorno seguente, Daniel tornò al bar. "Ho pensato molto a quello che hai detto," disse. "E ho deciso di rimanere qualche giorno in più a Firenze per osservarti meglio. Posso aiutarti nel bar? In cambio, mi insegni tutto quello che sai."

Marco era un po' sorpreso, ma anche divertito dalla passione del giovane. "Va bene," disse. "Ma dovrai svegliarti presto. Il bar apre alle sette."

Le giornate successive furono un'esperienza nuova per entrambi. Daniel imparò a preparare il caffè sotto la guida attenta di Marco, mentre Marco scoprì che insegnare a qualcun altro gli permetteva di riflettere sulle piccole cose che aveva sempre dato per scontate.

One day, a young American tourist named Daniel walked into the café. "An espresso, please," he said, watching with curiosity as Marco's precise movements prepared the drink. When he tasted the coffee, his eyes lit up. "This is incredible!" he exclaimed. "I have to know how you do it."

Marco smiled. "There's no big secret," he said, but Daniel didn't seem convinced.

"I'm studying to become a barista," the young man explained. "And I've traveled all over Italy to learn from the best. But this... this is different."

Intrigued by Daniel's enthusiasm, Marco agreed to show him his process. He explained the importance of the blend, choosing fresh beans, and grinding them on the spot. He demonstrated how to clean the filter and tamp the coffee with precision.

Daniel listened carefully, taking notes in a small notebook. But in the end, he still seemed puzzled. "There's something more," he said. "Something you're not telling me."

Marco laughed. "Maybe it's the atmosphere," he suggested. "Coffee is also made of small details: the background music, the aroma in the air, the way you smile at the customer when you serve the cup."

Daniel thought for a moment, then nodded. "Maybe you're right. A good coffee isn't just about the taste; it's an experience."

The next day, Daniel returned to the café. "I've been thinking a lot about what you said," he said. "And I've decided to stay in Florence a little longer to observe you better. Can I help out in the café? In return, you teach me everything you know."

Marco was a bit surprised but also amused by the young man's passion. "Alright," he said. "But you'll have to wake up early. The café opens at seven."

The following days were a new experience for both of them. Daniel learned how to make coffee under Marco's careful guidance, while Marco discovered that teaching someone else allowed him to reflect on the small details he had always taken for granted.

Durante una pausa, Marco raccontò a Daniel del suo primo caffè. "Ero un ragazzino," disse, "e mio nonno mi portò in un piccolo bar in campagna. Il barista mi fece sedere dietro il bancone e mi mostrò come funzionava la macchina. Fu lì che capii che preparare il caffè era più di un mestiere. Era un modo per connettersi con le persone."

Daniel lo ascoltava con occhi brillanti. "Forse è questo il tuo segreto," disse. "Il modo in cui ti connetti con i tuoi clienti, come rendi speciale ogni tazzina."

Marco rifletté sulle parole del ragazzo. Forse non c'era davvero un solo segreto, ma una combinazione di passione, cura e il desiderio di condividere un momento speciale con ogni cliente.

Nei giorni seguenti, Daniel si immerse completamente nel lavoro del bar. Arrivava ogni mattina prima dell'alba, pronto a osservare, imparare e aiutare. Marco, inizialmente scettico, iniziò a godersi la compagnia e l'energia del giovane. I clienti del bar, abituati a vedere solo Marco dietro al bancone, furono incuriositi dalla presenza del ragazzo americano e cominciarono a fare domande.

"È il tuo apprendista?" scherzò il signor Bianchi una mattina.

"Diciamo che è un curioso viaggiatore," rispose Marco con un sorriso.

Daniel non si limitava a preparare caffè. Si interessava anche ai clienti, cercando di imparare qualche parola di italiano e ascoltando le loro storie. Un giorno, una cliente anziana, la signora Rosa, gli raccontò di come suo marito l'avesse conquistata portandole un caffè ogni mattina per un anno intero. "Un caffè può cambiare una vita," disse con un sorriso nostalgico, e Daniel annuì, visibilmente colpito.

Una sera, dopo una lunga giornata, Daniel si sedette accanto a Marco fuori dal bar. Il cielo era rosa e arancione, e la piazza si stava lentamente svuotando. "Sai," disse Daniel, "credo di aver capito qual è il tuo vero segreto."

Marco alzò un sopracciglio, divertito. "Ah sì? E quale sarebbe?"

"Non è solo il caffè," rispose il ragazzo. "È il modo in cui fai sentire le persone. Qui non è solo un bar.

During a break, Marco told Daniel about his first coffee experience. "I was just a boy," he said, "and my grandfather took me to a small café in the countryside. The barista had me sit behind the counter and showed me how the machine worked. That's when I realized that making coffee was more than a job. It was a way to connect with people."

Daniel listened with bright eyes. "Maybe that's your secret," he said. "The way you connect with your customers, how you make every cup special."

Marco reflected on the young man's words. Perhaps there wasn't just one secret but a combination of passion, care, and the desire to share a special moment with every customer.

In the days that followed, Daniel fully immersed himself in the café's work. He arrived every morning before dawn, ready to observe, learn, and help. Marco, initially skeptical, began to enjoy the young man's company and energy. The café's regulars, accustomed to seeing only Marco behind the counter, were intrigued by the American's presence and started asking questions.

"Is he your apprentice?" joked Mr. Bianchi one morning.

"Let's say he's a curious traveler," Marco replied with a smile.

Daniel didn't limit himself to making coffee. He also took an interest in the customers, trying to learn a few words of Italian and listening to their stories. One day, an elderly customer, Mrs. Rosa, told him about how her husband had won her over by bringing her a coffee every morning for an entire year. "A coffee can change a life," she said with a nostalgic smile, and Daniel nodded, visibly moved.

One evening, after a long day, Daniel sat next to Marco outside the café. The sky was pink and orange, and the square was slowly emptying. "You know," Daniel said, "I think I've figured out your real secret."

Marco raised an eyebrow, amused. "Oh yeah? And what is it?"

"It's not just the coffee," the young man replied. "It's the way you make people feel. This isn't just a café.

È un posto dove la gente viene per sentirsi a casa, per condividere un momento. E tu riesci a creare quell'atmosfera. È questo che rende il tuo caffè speciale."

Marco rimase in silenzio per un momento, poi annuì lentamente. "Forse hai ragione," ammise. "Quando ero giovane, pensavo che bastasse seguire le regole: la giusta miscela, la temperatura perfetta. Ma col tempo ho capito che il caffè è un pretesto. Un pretesto per connettersi."

L'ultimo giorno di Daniel a Firenze arrivò troppo presto. Prima di partire, il ragazzo decise di fare un ultimo tentativo per scoprire se c'era un segreto che Marco non gli aveva ancora rivelato.

"Marco," disse con un sorriso, "devo sapere una cosa. Se dovessi dare un consiglio a un barista che vuole preparare il caffè perfetto, cosa gli diresti?"

Marco lo guardò per un momento, poi si avvicinò al bancone e preparò un espresso. Con calma, posizionò la tazzina davanti a Daniel e disse: "Il segreto è questo: non fare mai un caffè come se fosse solo un altro caffè. Ogni tazzina è unica, e ogni persona che la beve merita il tuo impegno migliore."

Daniel prese un sorso e sorrise. "Grazie, Marco. Questo è il miglior consiglio che abbia mai ricevuto."

Prima di partire, Daniel lasciò un biglietto sul bancone: "Grazie per tutto quello che mi hai insegnato. Porterò con me il tuo segreto e cercherò di condividerlo con il mondo. Daniel."

Marco guardò il biglietto e sorrise. Non era sicuro di cosa avrebbe fatto Daniel con tutto ciò che aveva imparato, ma sentiva che il ragazzo aveva capito qualcosa di importante.

Nei mesi successivi, Marco ricevette una lettera da Daniel. Il ragazzo aveva aperto un piccolo caffè nella sua città natale e stava cercando di ricreare la stessa atmosfera che aveva vissuto a Firenze. "Ogni volta che preparo un caffè," scriveva, "penso a ciò che mi hai detto. Non è mai solo un caffè."

It's a place where people come to feel at home, to share a moment. And you manage to create that atmosphere. That's what makes your coffee special."

Marco stayed silent for a moment, then nodded slowly. "Maybe you're right," he admitted. "When I was young, I thought it was enough to follow the rules: the right blend, the perfect temperature. But over time, I realized that coffee is just an excuse. An excuse to connect."

Daniel's last day in Florence arrived too soon. Before leaving, he decided to make one last attempt to uncover if there was a secret Marco hadn't yet revealed.

"Marco," he said with a smile, "I need to know one thing. If you had to give advice to a barista who wants to make the perfect coffee, what would you say?"

Marco looked at him for a moment, then walked over to the counter and prepared an espresso. Calmly, he placed the cup in front of Daniel and said, "The secret is this: never make a coffee as if it's just another coffee. Every cup is unique, and every person who drinks it deserves your very best effort."

Daniel took a sip and smiled. "Thank you, Marco. That's the best advice I've ever received."

Before leaving, Daniel left a note on the counter: "Thank you for everything you've taught me. I'll carry your secret with me and try to share it with the world. Daniel."

Marco looked at the note and smiled. He wasn't sure what Daniel would do with everything he had learned, but he felt the young man had understood something important.

In the months that followed, Marco received a letter from Daniel. The young man had opened a small café in his hometown and was trying to recreate the same atmosphere he had experienced in Florence. "Every time I make a coffee," he wrote, "I think about what you told me. It's never just a coffee."

Marco ripose la lettera nel cassetto della sua scrivania, accanto a una vecchia fotografia di suo nonno, che gli aveva trasmesso la stessa passione tanti anni prima. Si rese conto che il vero segreto di un buon caffè non era mai stato un ingrediente o una tecnica, ma il cuore che si metteva in ogni tazzina.

Domande

1. Perché Daniel visita il bar di Marco?
a. Perché ha letto recensioni sul bar online
b. Perché vuole imparare il segreto del caffè perfetto
c. Perché sta scrivendo un libro sul caffè italiano
d. Perché è un amico di Marco

2. Cosa impara Daniel da Marco?
a. A scegliere la miscela di caffè perfetta
b. Che il caffè perfetto è un'esperienza, non solo una tecnica
c. A usare la macchina del caffè tradizionale
d. A preparare cappuccini artistici

3. Qual è il consiglio principale che Marco dà a Daniel?
a. Usare solo chicchi di caffè importati
b. Non considerare mai un caffè come "solo un altro caffè"
c. Servire il caffè rapidamente
d. Offrire biscotti con ogni tazzina

4. Cosa decide di fare Daniel dopo aver imparato da Marco?
a. Tornare in America e aprire il suo caffè
b. Viaggiare in altre città italiane per imparare di più
c. Scrivere un libro sulla sua esperienza
d. Diventare socio di Marco nel bar

Marco placed the letter in the drawer of his desk, next to an old photograph of his grandfather, who had passed on the same passion to him so many years before. He realized that the true secret of a good coffee had never been an ingredient or a technique, but the heart poured into every cup.

---

5. Qual è il messaggio principale della storia?
a. Il caffè italiano è il migliore al mondo
b. La connessione umana rende speciale ogni esperienza
c. La tecnica è più importante della passione
d. Ogni barista deve mantenere i propri segreti

Il Giorno in Cui Abbiamo Venduto Tutto

Riassunto

Marta e Giulio, sopraffatti dalla loro vita piena di oggetti, decidono di vendere tutto ciò che possiedono per iniziare un viaggio alla scoperta di sé stessi. Partendo dalla Grecia, esplorano il mondo con bagagli leggeri e cuori aperti, imparando ad abbracciare la semplicità e la spontaneità. Lungo il percorso, si connettono con nuove culture e persone, trovando soddisfazione nelle esperienze piuttosto che nei beni materiali. Alla fine, si rendono conto di non aver perso nulla, ma di aver guadagnato la libertà di vivere secondo i propri desideri.

Marta e Giulio erano una coppia ordinaria, con una vita ordinaria. Lei lavorava come insegnante in una scuola elementare, lui gestiva un negozio di ferramenta che aveva ereditato dal padre. La loro casa, una piccola villetta in periferia, era piena di oggetti accumulati negli anni: vecchi mobili, libri mai letti, vestiti dimenticati negli armadi.

Un sabato mattina, mentre Marta cercava disperatamente un paio di scarpe in mezzo al caos del loro guardaroba, esclamò: "Non ce la faccio più! Abbiamo troppa roba!"

Giulio, seduto in cucina con il giornale in mano, alzò lo sguardo. "Beh, possiamo fare un po' di ordine," rispose con calma.

"No, Giulio. Non voglio solo fare ordine. Voglio liberarci di tutto. Voglio ricominciare da zero," disse Marta, con un tono deciso che lo prese alla sprovvista.

The Day We Sold Everything

Summary

Marta and Giulio, feeling overwhelmed by their cluttered lives, decide to sell everything they own and embark on a journey to rediscover themselves. Starting in Greece, they explore the world with light luggage and open hearts, learning to embrace simplicity and spontaneity. Along the way, they connect with new cultures and people, finding fulfillment in experiences rather than possessions. By the end of their journey, they realize they haven't lost anything but gained the freedom to live life on their own terms.

Marta and Giulio were an ordinary couple, with an ordinary life. She worked as a teacher in an elementary school, he managed a hardware store that he had inherited from his father. Their house, a small villa in the suburbs, was full of objects accumulated over the years: old furniture, unread books, forgotten clothes in the closets.

One Saturday morning, while Marta was desperately searching for a pair of shoes amid the chaos of their wardrobe, she exclaimed: "I can't take it anymore! We have too much stuff!"

Giulio, sitting in the kitchen with the newspaper in his hand, looked up. "Well, we can tidy up a bit," he responded calmly.

"No, Giulio. I don't just want to tidy up. I want to get rid of everything. I want to start over from scratch," Marta said, with a decisive tone that caught him by surprise.

Quella sera, seduti a cena, parlarono del piano di Marta. Era semplice, ma rivoluzionario: avrebbero venduto tutto ciò che possedevano. Niente più mobili, niente più oggetti inutili. Avrebbero tenuto solo ciò che era veramente essenziale. "E poi?" chiese Giulio, ancora incerto.

"E poi viaggeremo," rispose Marta, con un entusiasmo che non mostrava da anni. "Voglio vedere il mondo, vivere in modo semplice, senza essere legata a tutte queste cose."

Nonostante le sue iniziali riserve, Giulio accettò. Nei giorni successivi, iniziarono a prepararsi per la grande vendita. Pubblicarono annunci online, organizzarono un mercatino nel loro giardino e invitarono amici e vicini a scegliere ciò che volevano comprare.

La casa si trasformò in un magazzino caotico. Le stanze erano piene di scatole etichettate, e ogni oggetto sembrava raccontare una storia. Marta si sentiva leggera ogni volta che un pezzo del loro passato lasciava la casa. Giulio, invece, era più nostalgico.

Una mattina, mentre Marta vendeva una vecchia macchina da scrivere, Giulio si avvicinò con in mano un orologio da taschino. "Questo apparteneva a mio nonno," disse. "Non posso venderlo."

Marta lo guardò con comprensione. "Non dobbiamo liberarci di tutto," rispose. "Solo delle cose che ci tengono fermi. Tieni l'orologio, se significa qualcosa per te."

Il giorno della grande vendita arrivò. Il giardino era pieno di persone curiose che rovistavano tra i loro oggetti. Una coppia acquistò il divano del salotto, un giovane studente prese la libreria, e una bambina convinse i suoi genitori a comprare una lampada a forma di luna.

Marta e Giulio osservavano tutto con un misto di eccitazione e malinconia. "È strano," disse Giulio, "ma in un certo senso mi sento più libero."

Quando il sole tramontò, la casa era quasi vuota. Rimanevano solo pochi oggetti essenziali: un paio di valigie, alcune fotografie e, naturalmente, l'orologio da taschino di Giulio.

That evening, sitting at dinner, they discussed Marta's plan. It was simple, but revolutionary: they would sell everything they owned. No more furniture, no more useless objects. They would keep only what was truly essential. "And then?" asked Giulio, still uncertain.

"Then we'll travel," Marta replied, with enthusiasm she hadn't shown in years. "I want to see the world, live simply, without being tied to all these things."

Despite his initial reservations, Giulio agreed. In the following days, they began preparing for the big sale. They posted online ads, organized a market in their garden, and invited friends and neighbors to choose what they wanted to buy.

The house transformed into a chaotic warehouse. The rooms were full of labeled boxes, and every object seemed to tell a story. Marta felt lighter each time a piece of their past left the house. Giulio, on the other hand, was more nostalgic.

One morning, while Marta was selling an old typewriter, Giulio approached with a pocket watch in his hand. "This belonged to my grandfather," he said. "I can't sell it."

Marta looked at him with understanding. "We don't have to get rid of everything," she responded. "Only the things that hold us back. Keep the watch, if it means something to you."

The day of the big sale arrived. The garden was full of curious people rummaging through their belongings. A couple bought the living room sofa, a young student took the bookshelf, and a little girl convinced her parents to buy a moon-shaped lamp.

Marta and Giulio watched everything with a mix of excitement and melancholy. "It's strange," said Giulio, "but in a way, I feel freer."

When the sun set, the house was almost empty. Only a few essential items remained: a couple of suitcases, some photographs, and, of course, Giulio's pocket watch.

Quella sera, seduti sul pavimento del salotto ormai spoglio, Marta e Giulio brindarono con un bicchiere di vino. "A una nuova vita," disse Marta.

"A una nuova avventura," aggiunse Giulio.

La mattina seguente, la casa sembrava un'eco del passato. Le stanze, vuote e silenziose, riflettevano una calma inaspettata. Marta e Giulio si svegliarono presto, pronti per affrontare il primo giorno della loro nuova vita. Con le valigie pronte e una mappa del mondo aperta sul tavolo della cucina, la domanda era semplice ma entusiasmante: "Da dove iniziamo?"

"Che ne dici della Grecia?" propose Giulio, indicando le isole azzurre e bianche che aveva sempre sognato di visitare. Marta annuì, entusiasta. "Perfetto. Sole, mare e storia. Un ottimo inizio."

Partirono il giorno dopo, lasciandosi alle spalle la loro vecchia casa, ormai vuota. Il primo impatto con la Grecia fu come un sogno: il profumo del mare, i vicoli bianchi pieni di bouganville e l'ospitalità calorosa degli abitanti. Affittarono una piccola stanza con una vista mozzafiato sul mare e passarono i primi giorni a esplorare, mangiare piatti tipici e rilassarsi.

Una sera, seduti su una terrazza al tramonto, Marta si girò verso Giulio. "Ti penti di quello che abbiamo fatto?" gli chiese.

Giulio ci pensò un attimo, poi scosse la testa. "No. Mi manca qualcosa, certo. Ma non sono le cose materiali. Mi mancano i ricordi che abbiamo creato in quella casa. Però… penso che stiamo costruendo nuovi ricordi qui, e questo mi rende felice."

I giorni in Grecia si trasformarono in settimane, e presto Marta e Giulio sentirono il richiamo di una nuova avventura. Con lo stesso spirito, decisero di proseguire verso il Marocco, attratti dai colori e dai profumi dei mercati di Marrakech. Qui impararono a contrattare con i venditori, si persero tra i vicoli del souk e assaggiarono spezie che non avevano mai provato.

Ogni luogo che visitavano li trasformava un po'.

That evening, sitting on the now-bare living room floor, Marta and Giulio toasted with a glass of wine. "To a new life," said Marta.

"To a new adventure," Giulio added.

The following morning, the house seemed like an echo of the past. The rooms, empty and silent, reflected an unexpected calm. Marta and Giulio woke up early, ready to face the first day of their new life. With suitcases packed and a world map open on the kitchen table, the question was simple but exciting: "Where do we start?"

"How about Greece?" Giulio proposed, pointing to the blue and white islands he had always dreamed of visiting. Marta nodded, enthusiastic. "Perfect. Sun, sea, and history. An excellent beginning."

They left the next day, leaving behind their old, now-empty house. Their first encounter with Greece was like a dream: the smell of the sea, white alleys full of bougainvillea, and the warm hospitality of the locals. They rented a small room with a breathtaking sea view and spent the first days exploring, eating typical dishes, and relaxing.

One evening, sitting on a terrace at sunset, Marta turned to Giulio. "Do you regret what we've done?" she asked.

Giulio thought for a moment, then shook his head. "No. I miss something, of course. But not material things. I miss the memories we created in that house. However... I think we're building new memories here, and that makes me happy."

Days in Greece turned into weeks, and soon Marta and Giulio felt the call of a new adventure. With the same spirit, they decided to continue to Morocco, attracted by the colors and scents of Marrakech's markets. Here they learned to bargain with sellers, got lost in the alleys of the souk, and tasted spices they had never tried before.

Every place they visited transformed them a little.

Marta, che era sempre stata precisa e organizzata, imparò a lasciarsi andare e ad accettare l'imprevisto. Giulio, che spesso si lasciava prendere dalla nostalgia, iniziò a vedere il futuro con ottimismo.

Un giorno, mentre passeggiavano in un piccolo villaggio sulle montagne dell'Atlante, incontrarono un uomo anziano che li invitò a casa sua per un tè. "È raro vedere coppie come voi," disse. "Così libere, così leggere. Qual è il vostro segreto?"

Marta e Giulio si guardarono e risposero quasi in coro: "Abbiamo venduto tutto."

L'uomo rise, ma il suo sguardo era pieno di ammirazione. "Non tutti avrebbero il coraggio di fare una cosa simile. Ma forse avete capito qualcosa che molti dimenticano: le cose che possediamo a volte ci possiedono."

Quelle parole rimasero impresse a Marta e Giulio. Continuarono il loro viaggio, spostandosi da un paese all'altro, con valigie sempre più leggere e cuori sempre più pieni. Ogni tanto ricevevano messaggi dai loro vecchi amici e vicini, curiosi di sapere come stesse andando la loro avventura.

Un giorno, mentre camminavano lungo una spiaggia in Portogallo, Marta si fermò e guardò il mare. "Sai," disse, "non avrei mai immaginato che vendere tutto sarebbe stato l'inizio di qualcosa di così grande."

Giulio sorrise e prese la sua mano. "Non abbiamo venduto tutto, Marta. Abbiamo solo fatto spazio per una nuova vita."

Quella sera, mentre il sole tramontava, si sedettero sulla sabbia, guardando l'orizzonte e pianificando il prossimo capitolo della loro avventura. Non avevano più una casa piena di oggetti, ma avevano trovato qualcosa di ancora più prezioso: la libertà di vivere a modo loro.

Marta, who had always been precise and organized, learned to let go and accept the unexpected. Giulio, who often got caught up in nostalgia, began to see the future with optimism.

One day, while walking in a small village in the Atlas Mountains, they met an elderly man who invited them to his home for tea. "It's rare to see couples like you," he said. "So free, so light. What's your secret?"

Marta and Giulio looked at each other and almost simultaneously replied: "We sold everything."

The man laughed, but his gaze was full of admiration. "Not everyone would have the courage to do something like this. But perhaps you've understood something that many forget: the things we possess sometimes possess us."

Those words stuck with Marta and Giulio. They continued their journey, moving from one country to another, with increasingly lighter suitcases and fuller hearts. Occasionally, they received messages from their old friends and neighbors, curious about how their adventure was going.

One day, while walking along a beach in Portugal, Marta stopped and looked at the sea. "You know," she said, "I never would have imagined that selling everything would be the beginning of something so big."

Giulio smiled and took her hand. "We didn't sell everything, Marta. We just made space for a new life."

That evening, as the sun set, they sat on the sand, looking at the horizon and planning the next chapter of their adventure. They no longer had a house full of objects, but they had found something even more precious: the freedom to live life their way.

Domande

1. Perché Marta e Giulio decidono di vendere tutto ciò che possiedono?
a. Per trasferirsi in una casa più grande
b. Per liberarsi degli oggetti superflui e viaggiare
c. Per aiutare un parente in difficoltà economica
d. Per iniziare una nuova attività commerciale

2. Qual è il primo paese che visitano?
a. Il Portogallo
b. Il Marocco
c. La Grecia
d. La Spagna

3. Cosa insegna il vecchio incontrato in Marocco a Marta e Giulio?
a. A preparare il tè tradizionale
b. Che le cose che possediamo a volte ci possiedono
c. A contrattare nei mercati
d. Che è importante tornare sempre a casa

4. Come cambia Giulio durante il viaggio?
a. Diventa più ottimista riguardo al futuro
b. Si pente di aver venduto tutto
c. Decide di ritornare alla vecchia casa
d. Diventa più interessato ai beni materiali

5. Qual è il messaggio principale della storia?
a. Viaggiare è più importante che lavorare
b. Liberarsi delle cose materiali può portare a una vita più ricca di esperienze
c. È impossibile vivere senza beni materiali
d. La libertà si trova solo nella solitudine

--Learning Check-in--

If you're enjoying these stories, now is an excellent moment to pause and reflect on your language learning journey. Take a few minutes to assess your comprehension and progress:

-Have you understood the key ideas in the stories you've just read?

-Can you confidently answer the upcoming questions without hesitation?

-Are there any new vocabulary words or expressions that challenged you?

<u>If you feel confident about the material:</u>

Great! You're ready to move forward and tackle the upcoming comprehension questions. Your active engagement is strengthening your Italian language skills.

<u>If you're experiencing some uncertainties:</u>

Don't worry—this is a natural part of language learning. We recommend:

-Reviewing the stories that still seem challenging

-Paying special attention to new words and their contexts

-Revisiting difficult passages to reinforce your understanding

Remember: Learning a language is a journey. Each story you read, each word you learn, brings you closer to fluency. Take your time, be patient with yourself, and enjoy the process of discovering a new language and culture.

Buon studio! (**Happy studying!**)

Una Nuova Vita sul Lago

Riassunto

Anna lascia la sua vita frenetica a Milano per ricominciare in un piccolo villaggio sul Lago di Como. Inizialmente incerta, si adatta presto all'ambiente tranquillo, facendo nuove amicizie con Luisa, un'artista di ceramica, e Federico, un pittore di passaggio. Grazie a queste connessioni, Anna scopre nuovi hobby come la ceramica ed esplora la bellezza nascosta del lago. Una mostra comunitaria con le sue creazioni rafforza la sua fiducia e la aiuta ad abbracciare una vita più semplice e appagante. Alla fine, Anna si sente profondamente legata al lago e a sé stessa, grata per la nuova vita che ha costruito.

Anna aveva sempre vissuto in città. Milano era il suo mondo: il rumore del traffico, le luci dei negozi, il ritmo incessante della vita quotidiana. Ma negli ultimi anni, quella vita frenetica aveva cominciato a pesarle. Sentiva il bisogno di qualcosa di diverso, qualcosa di più semplice.

Un giorno, mentre scorreva annunci online senza una meta precisa, trovò un'immagine che catturò la sua attenzione: una piccola casa di pietra con un giardino affacciato su un lago tranquillo. L'annuncio diceva: "In vendita: perfetta per chi cerca pace e natura."

Senza pensarci troppo, Anna decise di andare a vedere la casa. La località era un piccolo villaggio sul Lago di Como, un luogo che ricordava vagamente dalle gite scolastiche della sua infanzia. Quando arrivò, fu come entrare in un altro mondo: il silenzio era interrotto solo dal cinguettio degli uccelli, e l'aria fresca profumava di alberi e acqua.

Il proprietario della casa, un uomo anziano di nome Mario, la accolse con un sorriso.

A New Life by the Lake

Summary

Anna leaves her busy life in Milan to start fresh in a small village by Lake Como. Initially hesitant, she quickly adapts to the peaceful environment, forming new friendships with Luisa, a ceramic artist, and Federico, a visiting painter. Through these connections, Anna discovers new hobbies like ceramics and explores the lake's hidden beauty. A community art exhibit featuring her work boosts her confidence and helps her embrace a simpler, more fulfilling life. By the end, Anna feels deeply connected to the lake and to herself, grateful for the new life she has created.

Anna had always lived in the city. Milan was her world: the noise of traffic, the lights of shops, the relentless rhythm of daily life. But in recent years, that hectic life had begun to weigh on her. She felt the need for something different, something simpler.

One day, while scrolling through online ads without a specific goal, she found an image that caught her attention: a small stone house with a garden overlooking a tranquil lake. The ad read: "For sale: perfect for those seeking peace and nature."

Without overthinking, Anna decided to go see the house. The location was a small village on Lake Como, a place she vaguely remembered from school trips in her childhood. When she arrived, it was like entering another world: the silence was broken only by birdsong, and the fresh air smelled of trees and water.

The owner of the house, an elderly man named Mario, welcomed her with a smile.

"Non è grande, ma è piena di carattere," disse, mostrandole le stanze semplici ma accoglienti. Anna si innamorò immediatamente del posto. Non sapeva spiegare perché, ma sentiva che quella casa era destinata a essere sua.

Dopo qualche settimana di riflessione e discussioni con amici che la consideravano un po' pazza, Anna prese la decisione: avrebbe lasciato Milano per trasferirsi sul lago.

I primi giorni furono un misto di emozione e incertezza. Abituarsi al silenzio dopo anni di rumore continuo non fu facile, ma Anna si rese conto che quella calma aveva un effetto quasi terapeutico. Iniziò a esplorare il villaggio, facendo conoscenza con i pochi abitanti.

C'era Carla, la proprietaria della piccola panetteria, che ogni mattina le offriva un caffè e una brioche appena sfornata. Poi c'era Pietro, un pescatore che vendeva pesce fresco direttamente dal suo piccolo molo. "Benvenuta," le disse una mattina. "Se hai bisogno di qualcosa, basta chiedere."

Ma l'incontro più speciale fu quello con Luisa, una donna della sua età che gestiva un piccolo laboratorio di ceramica. Anna, affascinata dai vasi e dalle tazze esposte nella vetrina, entrò un giorno per curiosare. "Posso provare?" chiese, osservando Luisa che modellava l'argilla.

Luisa rise. "Certo! Ma ti avverto, non è così semplice come sembra."

Con il tempo, le lezioni di ceramica diventarono parte della nuova routine di Anna. Ogni pezzo che creava, imperfetto ma unico, sembrava riflettere il suo stato d'animo. "È terapeutico, vero?" le disse Luisa un giorno. "Mettere le mani nell'argilla ti costringe a rallentare e concentrarti solo sul momento presente."

Anna si rese conto che aveva trovato non solo un hobby, ma anche una nuova amica. Le serate che passavano insieme a chiacchierare e lavorare nel laboratorio divennero uno dei momenti più belli della sua settimana.

Non tutto, però, era perfetto. Anna scoprì presto che vivere in campagna significava anche affrontare piccoli disagi: il negozio più vicino era a venti minuti di macchina,

"It's not large, but it's full of character," he said, showing her the simple but welcoming rooms. Anna immediately fell in love with the place. She couldn't explain why, but she felt that this house was meant to be hers.

After a few weeks of reflection and discussions with friends who considered her a bit crazy, Anna made the decision: she would leave Milan and move to the lake.

The first days were a mix of excitement and uncertainty. Getting used to the silence after years of constant noise wasn't easy, but Anna realized that this calm had an almost therapeutic effect. She began to explore the village, getting to know the few inhabitants.

There was Carla, the owner of the small bakery, who offered her coffee and a freshly baked brioche every morning. Then there was Pietro, a fisherman who sold fresh fish directly from his small pier. "Welcome," he told her one morning. "If you need anything, just ask."

But the most special encounter was with Luisa, a woman her age who ran a small ceramics workshop. Anna, fascinated by the vases and cups in the window, entered one day out of curiosity. "Can I try?" she asked, watching Luisa shape the clay.

Luisa laughed. "Of course! But I warn you, it's not as simple as it seems."

Over time, ceramic lessons became part of Anna's new routine. Each piece she created, imperfect but unique, seemed to reflect her mood. "It's therapeutic, isn't it?" Luisa told her one day. "Putting your hands in the clay forces you to slow down and focus only on the present moment."

Anna realized she had found not just a hobby, but also a new friend. The evenings they spent chatting and working in the workshop became one of the best parts of her week.

Not everything was perfect, however. Anna soon discovered that living in the countryside also meant facing small inconveniences: the nearest store was a twenty-minute drive away,

e la connessione internet era spesso lenta o inesistente. Ma, sorprendentemente, queste difficoltà non la infastidivano.

Guardando il lago dalla finestra della sua nuova casa, Anna si sentiva per la prima volta dopo tanto tempo davvero in pace. Forse aveva lasciato la città, ma aveva trovato qualcosa di più prezioso: una vita che finalmente sentiva sua.

Con il passare delle settimane, Anna si adattò sempre di più alla sua nuova vita sul lago. Ogni giorno era un'opportunità per scoprire qualcosa di nuovo: un sentiero nascosto tra gli alberi, un piccolo negozio che vendeva miele artigianale, o un tramonto che colorava l'acqua di arancione e rosa.

Un pomeriggio, mentre passeggiava lungo la riva del lago, incontrò un uomo intento a dipingere. Aveva un cavalletto sistemato tra le rocce e una tavolozza piena di colori. Anna, incuriosita, si fermò a osservare.

"Scusi, disturbo?" chiese.

L'uomo si girò, sorridendo. "No, affatto. Mi chiamo Federico," rispose. "Sto cercando di catturare la luce sul lago, ma cambia così velocemente che è un'impresa impossibile."

Anna si sedette su una roccia vicina, guardando il quadro. "È bellissimo," disse. "Vivo qui da poco e sto ancora imparando ad apprezzare la bellezza di questo posto."

Federico la guardò con interesse. "Vivere qui è un privilegio," disse. "Io vengo solo per dipingere, ma posso immaginare quanto debba essere speciale chiamarlo casa."

Quella conversazione fu l'inizio di una nuova amicizia. Federico, un artista che viveva in città ma visitava spesso il lago, iniziò a condividere con Anna i segreti dei suoi luoghi preferiti. Le mostrò un piccolo angolo nascosto dove l'acqua era così limpida che si potevano vedere i pesci, e un vecchio pontile abbandonato da cui si poteva ammirare l'alba.

Anna si rese conto che, grazie a Federico, stava scoprendo non solo il lago, ma anche una parte di sé che aveva dimenticato.

and the internet connection was often slow or nonexistent. But, surprisingly, these difficulties did not bother her.

Looking at the lake from the window of her new house, Anna felt truly at peace for the first time in a long time. Perhaps she had left the city, but she had found something more precious: a life she finally felt was her own.

As weeks passed, Anna adapted more and more to her new life by the lake. Each day was an opportunity to discover something new: a hidden path among the trees, a small shop selling artisanal honey, or a sunset that colored the water orange and pink.

One afternoon, while walking along the lake shore, she met a man intent on painting. He had an easel set up among the rocks and a palette full of colors. Anna, curious, stopped to observe.

"Excuse me, am I disturbing?" she asked.

The man turned, smiling. "Not at all. I'm Federico," he replied. "I'm trying to capture the light on the lake, but it changes so quickly that it's an impossible task."

Anna sat on a nearby rock, looking at the painting. "It's beautiful," she said. "I've been living here for a short time and am still learning to appreciate the beauty of this place."

Federico looked at her with interest. "Living here is a privilege," he said. "I only come to paint, but I can imagine how special it must be to call it home."

That conversation was the beginning of a new friendship. Federico, an artist who lived in the city but often visited the lake, began to share with Anna the secrets of his favorite places. He showed her a small hidden corner where the water was so clear that you could see the fish, and an old abandoned pier from which you could admire the sunrise.

Anna realized that, thanks to Federico, she was discovering not only the lake but also a part of herself that she had forgotten.

"Sai," gli disse un giorno, "credo che questa nuova vita mi stia insegnando a rallentare, a guardare davvero ciò che mi circonda."

Federico annuì. "Il lago fa questo effetto. Ti obbliga a vivere nel presente."

Intanto, il laboratorio di ceramica con Luisa continuava a essere un punto centrale nella vita di Anna. Una sera, mentre stavano decorando delle tazze, Luisa propose un'idea. "Perché non organizziamo una piccola mostra? Esporremmo i tuoi lavori e quelli di altri nel villaggio. Sarebbe un bel modo per connettere la comunità."

Anna, inizialmente titubante, accettò. La mostra si tenne una domenica pomeriggio in un vecchio fienile trasformato in spazio espositivo. Le sue tazze e i suoi vasi, con i loro colori tenui e le forme imperfette, furono molto apprezzati dai visitatori.

Durante l'evento, Federico si avvicinò con un sorriso. "Hai un talento naturale," disse, indicando uno dei vasi. "C'è qualcosa di speciale in ciò che crei. È come se raccontassi una storia."

Anna arrossì, ma sentì un'ondata di orgoglio. Non si era mai vista come un'artista, ma forse quella nuova vita le stava dando la possibilità di riscoprire aspetti di sé che non aveva mai esplorato.

Quella sera, tornando a casa, Anna si sedette davanti alla finestra che dava sul lago, con una tazza di tè tra le mani. Il riflesso della luna sull'acqua era così perfetto che sembrava un dipinto. In quel momento, capì che non era solo il lago a cambiarla, ma il fatto di essersi finalmente concessa il tempo di vivere pienamente.

Sapeva che c'erano ancora sfide da affrontare e giorni difficili, ma sentiva che questa nuova vita, fatta di semplicità, amicizie sincere e bellezza naturale, era ciò di cui aveva sempre avuto bisogno.

"You know," she told him one day, "I think this new life is teaching me to slow down, to truly look at what surrounds me."

Federico nodded. "The lake has that effect. It forces you to live in the present."

Meanwhile, the ceramics workshop with Luisa continued to be a central point in Anna's life. One evening, while decorating cups, Luisa proposed an idea. "Why don't we organize a small exhibition? We'll display your works and those of others from the village. It would be a nice way to connect the community."

Anna, initially hesitant, accepted. The exhibition was held on a Sunday afternoon in an old barn transformed into an exhibition space. Her cups and vases, with their soft colors and imperfect shapes, were greatly appreciated by visitors.

During the event, Federico approached with a smile. "You have a natural talent," he said, pointing to one of the vases. "There's something special in what you create. It's like you're telling a story."

Anna blushed but felt a wave of pride. She had never seen herself as an artist, but perhaps this new life was giving her the opportunity to rediscover aspects of herself she had never explored.

That evening, returning home, Anna sat in front of the window overlooking the lake, with a cup of tea in her hands. The moon's reflection on the water was so perfect it seemed like a painting. At that moment, she understood that it wasn't just the lake changing her, but the fact that she had finally allowed herself time to live fully.

She knew there were still challenges to face and difficult days ahead, but she felt that this new life, made of simplicity, sincere friendships, and natural beauty, was what she had always needed.

Domande

1. Perché Anna decide di trasferirsi sul Lago di Como?
a. Per seguire un nuovo lavoro
b. Per sfuggire alla vita frenetica della città
c. Per prendersi cura di un parente malato
d. Per aprire un negozio di ceramica

2. Chi è Federico, e come aiuta Anna?
a. Un pescatore che le insegna a cucinare pesce
b. Un pittore che le mostra i segreti del lago
c. Un vicino che le vende miele artigianale
d. Un insegnante che le dà lezioni di fotografia

3. Cosa propone Luisa ad Anna nel laboratorio di ceramica?
a. Di aprire un negozio insieme
b. Di organizzare una mostra con le sue creazioni
c. Di trasferirsi in un altro villaggio
d. Di imparare una nuova tecnica artistica

4. Come cambia Anna durante il suo tempo al lago?

a. Diventa più sicura di sé e apprezza una vita semplice

b. Si sente isolata e vuole tornare in città

c. Decide di intraprendere una carriera artistica internazionale

d. Si concentra esclusivamente sul lavoro manuale

5. Qual è il messaggio principale della storia?

a. Una vita semplice può portare grande soddisfazione

b. I cambiamenti drastici sono sempre rischiosi

c. La natura è importante solo per brevi periodi

d. Vivere in città offre più opportunità di crescita

Le Ricette di Nonna Rosa

Riassunto

Sofia, una donna poco interessata alla cucina, riscopre l'eredità della sua defunta nonna Rosa attraverso un quaderno di ricette ricco di storie personali. Ispirata dalle parole e dai ricordi di Rosa, Sofia inizia a cucinare le ricette e a condividerle con gli amici, trovando gioia e connessione. Decide di raccogliere le ricette e le storie in un libro intitolato "Le Ricette di Nonna Rosa: Storie e Sapori di Famiglia". Il libro diventa un successo, permettendo all'amore e alla filosofia di Rosa di continuare a vivere attraverso i pasti preparati da altre persone.

Sofia non aveva mai avuto molta pazienza per cucinare. Cresciuta in una grande città e abituata alla comodità dei cibi pronti, vedeva la cucina come un obbligo, più che un piacere. Ma c'era una persona che riusciva sempre a farle cambiare idea: sua nonna Rosa.

Nonna Rosa era una cuoca straordinaria. Ogni piatto che preparava sembrava raccontare una storia, e la sua cucina era sempre piena di profumi che abbracciavano chiunque entrasse. "La cucina è amore," diceva sempre Rosa, "e ogni ricetta è un pezzo di noi."

Dopo la morte della nonna, Sofia si trovò a fare i conti con un vuoto che non riusciva a colmare. La casa di Rosa, dove aveva passato molte delle sue estati da bambina, fu messa in vendita. Durante l'ultimo giorno prima di consegnare le chiavi, Sofia decise di sistemare la soffitta per l'ultima volta.

Mentre rovistava tra scatole piene di ricordi, trovò un quaderno dalla copertina consumata. Sopra, con una scrittura elegante, c'era scritto: "Le Ricette di Nonna Rosa."

Grandma Rosa's Recipes

Summary

Sofia, a woman with little interest in cooking, rediscovers her late grandmother Rosa's legacy through a notebook of recipes filled with personal stories. Inspired by Rosa's words and memories, Sofia begins cooking the recipes and sharing them with friends, finding joy and connection in the process. She decides to compile the recipes and stories into a book titled "Grandma Rosa's Recipes: Stories and Flavors of Family". The book becomes a success, allowing Rosa's love and philosophy to live on through the meals prepared by others.

Sofia had never had much patience for cooking. Raised in a big city and used to the convenience of ready-made food, she saw cooking more as an obligation than a pleasure. But there was one person who always managed to make her change her mind: her grandmother Rosa.

Grandma Rosa was an extraordinary cook. Every dish she prepared seemed to tell a story, and her kitchen was always filled with aromas that embraced anyone who entered. "Cooking is love," Rosa always said, "and every recipe is a piece of us."

After her grandmother's death, Sofia found herself facing a void she couldn't fill. Rosa's house, where she had spent many of her childhood summers, was put up for sale. On the last day before handing over the keys, Sofia decided to tidy up the attic one last time.

While rummaging through boxes full of memories, she found a notebook with a worn cover. On the front, written in elegant handwriting, were the words: "Grandma Rosa's Recipes."

Curiosa, Sofia iniziò a sfogliarlo. Non era solo un ricettario, ma una raccolta di pensieri, consigli e storie legate a ogni piatto. Accanto alla ricetta delle lasagne, ad esempio, c'era una nota che diceva: "Le ho preparate per il primo anniversario di matrimonio con tuo nonno. Diceva sempre che non erano mai abbastanza!"

Sofia, emozionata, decise di portare il quaderno con sé. Tornata a casa, lo mise sul tavolo della cucina e lo sfogliò con più attenzione. Ogni pagina le ricordava un momento speciale trascorso con la nonna: il profumo del ragù che bolliva lentamente, le mani infarinatissime mentre preparavano la pasta fatta in casa, le risate mentre cercavano di non far bruciare i biscotti.

Un pomeriggio, spinta dalla nostalgia e dal desiderio di sentirsi più vicina a Rosa, decise di provare una delle ricette. Scelse qualcosa di semplice: la crostata di marmellata, il dolce che la nonna preparava ogni volta che lei andava a trovarla.

Mentre lavorava l'impasto, si rese conto di quanto fosse difficile seguire le istruzioni del quaderno. Nonna Rosa non era mai stata precisa con le quantità. Scriveva cose come "Un pizzico di zucchero" o "Abbastanza burro da renderlo morbido". Sofia si trovò a dover improvvisare, cercando di ricordare come faceva la nonna.

Dopo un paio d'ore, la crostata era pronta. Non era perfetta: i bordi erano un po' bruciacchiati, e la marmellata era leggermente traboccata. Ma quando assaggiò il primo pezzo, chiuse gli occhi e sentì un'ondata di ricordi. Era come se Rosa fosse lì con lei, a sorriderle e a dirle che aveva fatto un buon lavoro.

Da quel giorno, Sofia iniziò a cucinare più spesso. Ogni settimana sceglieva una ricetta dal quaderno e cercava di riprodurla, imparando a godersi il processo, non solo il risultato. A poco a poco, la sua cucina iniziò a profumare come quella della nonna, e ogni piatto diventò un modo per sentirsi più vicina a lei.

Un giorno, mentre preparava le lasagne, Sofia ebbe un'idea. "Perché non condividere queste ricette?" pensò. Decise di organizzare una piccola cena per gli amici, dedicata alle ricette di Rosa. Preparò diversi piatti dal quaderno e raccontò a ogni ospite la storia legata a ciascun piatto.

Curious, Sofia began to leaf through it. It wasn't just a cookbook, but a collection of thoughts, advice, and stories linked to each dish. Next to the lasagna recipe, for example, there was a note that said: "I prepared these for your grandfather and my first wedding anniversary. He always said they were never enough!"

Sofia, excited, decided to bring the notebook with her. Back home, she placed it on the kitchen table and leafed through it more carefully. Each page reminded her of a special moment spent with her grandmother: the smell of ragù slowly boiling, hands covered in flour while preparing homemade pasta, laughs while trying not to burn cookies.

One afternoon, driven by nostalgia and the desire to feel closer to Rosa, she decided to try one of the recipes. She chose something simple: jam tart, the dessert her grandmother used to prepare every time she visited.

While working the dough, she realized how difficult it was to follow the notebook's instructions. Grandma Rosa was never precise with quantities. She wrote things like "A pinch of sugar" or "Enough butter to make it soft". Sofia found herself improvising, trying to remember how her grandmother did it.

After a couple of hours, the tart was ready. It wasn't perfect: the edges were slightly burnt, and the jam had slightly overflowed. But when she tasted the first piece, she closed her eyes and felt a wave of memories. It was as if Rosa was there with her, smiling and telling her she had done a good job.

From that day, Sofia began cooking more often. Every week she chose a recipe from the notebook and tried to reproduce it, learning to enjoy the process, not just the result. Gradually, her kitchen began to smell like her grandmother's, and each dish became a way to feel closer to her.

One day, while preparing lasagna, Sofia had an idea. "Why not share these recipes?" she thought. She decided to organize a small dinner for friends, dedicated to Rosa's recipes. She prepared several dishes from the notebook and told each guest the story behind each dish.

La cena fu un successo. I suoi amici non solo apprezzarono il cibo, ma si emozionarono ascoltando le storie di Rosa. Uno di loro le disse: "Sofia, dovresti scrivere un libro con queste ricette. Sono troppo speciali per essere dimenticate."

Quella notte, mentre metteva in ordine la cucina, Sofia prese il quaderno della nonna e lo strinse al petto. "Forse è questo il modo di mantenerla viva," pensò.

Nei giorni successivi alla cena, l'idea di scrivere un libro iniziò a prendere forma nella mente di Sofia. Ogni volta che apriva il quaderno di Rosa, sentiva che c'era qualcosa di più delle semplici ricette: c'era la sua eredità, il suo amore per la famiglia, il suo modo di vedere la vita.

Decise di iniziare con calma, trascrivendo le ricette una per una. Non era solo una questione di copiare ingredienti e istruzioni, ma di raccontare le storie che accompagnavano ogni piatto. Per farlo, passava ore nella cucina della nonna, ora vuota, cercando di immaginare Rosa mentre preparava quei piatti, ascoltando la sua voce nella mente.

Un giorno, mentre cercava una ricetta nel quaderno, trovò un biglietto piegato tra le pagine. Sopra c'era scritto: "Per Sofia." Con il cuore che le batteva forte, lo aprì e lesse:

"Cara Sofia, sapevo che un giorno avresti trovato questo quaderno. Spero che queste ricette ti ricordino sempre chi sei e da dove vieni. La cucina è il nostro modo di amare e di ricordare chi ci ha preceduto. Tieni vivo questo amore e condividilo con chi ti sta accanto. Con affetto, la tua nonna Rosa."

Sofia non riuscì a trattenere le lacrime. Quelle parole erano la conferma che stava facendo la cosa giusta. Decise che il libro non sarebbe stato solo un ricettario, ma un omaggio alla nonna, alla sua filosofia e al legame speciale che avevano condiviso.

Con il passare delle settimane, Sofia lavorò al libro con dedizione. Ogni ricetta era accompagnata da una storia: la zuppa di fagioli che Rosa preparava durante l'inverno per riscaldare la famiglia, le polpette che servivano come piatto principale durante i pranzi domenicali, e i biscotti di Natale che riempivano la casa di un profumo inconfondibile.

Dinner was a success. Her friends not only appreciated the food but were moved by listening to Rosa's stories. One of them told her, "Sofia, you should write a book with these recipes. They're too special to be forgotten."

That night, while cleaning up the kitchen, Sofia took her grandmother's notebook and held it to her chest. "Maybe this is the way to keep her alive," she thought.

In the days following the dinner, the idea of writing a book began to take shape in Sofia's mind. Every time she opened Rosa's notebook, she felt that there was something more than just simple recipes: there was her legacy, her love for family, her way of seeing life.

She decided to start slowly, transcribing the recipes one by one. It wasn't just a matter of copying ingredients and instructions, but of telling the stories that accompanied each dish. To do this, she spent hours in her grandmother's now-empty kitchen, trying to imagine Rosa preparing those dishes, listening to her voice in her mind.

One day, while searching for a recipe in the notebook, she found a folded note between the pages. On the top it said: "For Sofia." Her heart pounding, she opened it and read:

"Dear Sofia, I knew that one day you would find this notebook. I hope these recipes always remind you of who you are and where you come from. Cooking is our way of loving and remembering those who came before us. Keep this love alive and share it with those around you. With love, your grandmother Rosa."

Sofia couldn't hold back the tears. Those words were confirmation that she was doing the right thing. She decided that the book would not only be a cookbook but a tribute to her grandmother, her philosophy, and the special bond they had shared.

As the weeks passed, Sofia worked on the book with dedication. Each recipe was accompanied by a story: the bean soup that Rosa prepared during the winter to warm the family, the meatballs that were served as the main course during Sunday lunches, and the Christmas cookies that filled the house with an unmistakable scent.

Per testare le ricette, invitava spesso amici e vicini a cena. Ogni piatto era un successo, ma ciò che colpiva di più le persone erano le storie che Sofia condivideva. "Non è solo cibo," dicevano. "È come se Rosa fosse qui con noi."

Alla fine, Sofia riuscì a completare il libro. Lo intitolò "Le Ricette di Nonna Rosa: Storie e Sapori di Famiglia". Inviò il manoscritto a una piccola casa editrice, senza aspettarsi troppo. Ma, con sua grande sorpresa, pochi giorni dopo ricevette una risposta entusiasta.

"Le tue ricette non sono solo cibo," scriveva l'editore. "Sono storie che parlano al cuore. Saremmo onorati di pubblicare il tuo libro."

Il giorno della pubblicazione, Sofia organizzò una presentazione nella vecchia casa di Rosa. La cucina era stata trasformata in un piccolo spazio accogliente, con i piatti della nonna disposti su un tavolo centrale. Gli ospiti, molti dei quali avevano già assaggiato le ricette, ascoltarono Sofia leggere l'introduzione del libro, in cui raccontava l'importanza di tenere viva la memoria attraverso il cibo.

Alla fine dell'evento, Sofia si sedette da sola nella cucina, con una tazza di tè e il primo esemplare del libro tra le mani. Guardò fuori dalla finestra, dove il tramonto tingeva il cielo di arancione, e sentì una pace profonda.

"Ce l'abbiamo fatta, nonna," sussurrò. "Abbiamo mantenuto vivo il tuo amore."

Da quel giorno, il libro di Sofia non fu solo un successo editoriale, ma un modo per connettere le persone attraverso il cibo e le storie. Ogni volta che qualcuno cucinava una ricetta di Rosa, era come se un pezzo di lei continuasse a vivere.

To test out her recipes, she would often invite friends and neighbors over for dinner. Every dish was a hit, but what really impressed people were the stories Sofia shared. 'It's not just food,' they would say. 'It's like Rosa is here with us.'

In the end, Sofia managed to complete the book. She titled it "Nonna Rosa's Recipes: Family Stories and Flavors." She sent the manuscript to a small publishing house, without expecting too much. But, to her great surprise, a few days later she received an enthusiastic reply.

'Your recipes aren't just food,' the editor wrote. 'They are stories that speak to the heart. We would be honored to publish your book.'

On the day of the publication, Sofia organized a presentation at Rosa's old house. The kitchen had been transformed into a small, cozy space, with Nonna's dishes arranged on a central table. The guests, many of whom had already tasted the recipes, listened as Sofia read the introduction to the book, in which she talked about the importance of keeping memories alive through food.

At the end of the event, Sofia sat alone in the kitchen, with a cup of tea and the first copy of the book in her hands. She looked out the window, where the sunset was painting the sky orange, and felt a deep peace.

'We did it, Nonna,' she whispered. 'We kept your love alive.'

From that day on, Sofia's book was not only a publishing success but a way to connect people through food and stories. Every time someone cooked one of Rosa's recipes, it was as if a piece of her continued to live.

Domande

1. Cosa trova Sofia nella soffitta della casa della nonna?
a. Un vecchio diario personale
b. Un quaderno di ricette con storie personali
c. Una scatola di lettere della famiglia
d. Una fotografia della nonna da giovane

2. Perché Sofia decide di cucinare le ricette della nonna?
a. Per imparare a cucinare meglio
b. Per sentirsi più vicina alla memoria di Rosa
c. Per organizzare una cena con gli amici
d. Per partecipare a una gara di cucina

3. Cosa scopre Sofia tra le pagine del quaderno?
a. Un elenco di ingredienti speciali
b. Un messaggio scritto per lei da Rosa
c. Una mappa per un tesoro nascosto
d. Una fotografia della famiglia

4. Cosa decide di fare Sofia con le ricette della nonna?

a. Aprire un ristorante

b. Scrivere un libro che combina ricette e storie

c. Insegnare cucina in un centro comunitario

d. Vendere i piatti in un mercato locale

5. Qual è il messaggio principale della storia?

a. La cucina può essere un mezzo per mantenere viva la memoria

b. I ricettari sono utili solo per le famiglie

c. Ogni ricetta deve essere seguita alla perfezione

d. La cucina è importante solo per i professionisti

L'Ultima Partita di Baseball

Riassunto

Leonardo, un ex appassionato di baseball, scopre che il vecchio campo dove giocava da giovane sta per essere demolito. Ispirato dal figlio Matteo, organizza un'ultima partita, riunendo vecchi amici e la comunità locale. La giornata diventa una celebrazione dei ricordi condivisi e della gioia dello sport. Gli sforzi della comunità salvano il campo dalla demolizione, assicurando che rimanga un luogo per le future generazioni. Leonardo trasmette il suo amore per il baseball a Matteo, creando nuovi ricordi insieme.

Leonardo aveva sempre amato il baseball. Cresciuto negli anni '70 in una piccola città del nord Italia, si era innamorato di questo sport guardando vecchi film americani con suo padre. Il campo di baseball locale non era molto grande, ma per Leonardo e i suoi amici era un luogo magico, dove ogni partita rappresentava un'avventura.

Con il tempo, la vita lo aveva allontanato dal campo. Il lavoro, la famiglia e le responsabilità avevano preso il sopravvento, ma il baseball era rimasto sempre nel suo cuore. Anche se non giocava più, ogni tanto passava davanti al vecchio campo, ormai abbandonato, e si fermava a ricordare i giorni in cui la polvere e l'odore del guanto di pelle erano parte della sua quotidianità.

Una mattina, mentre faceva una passeggiata, notò qualcosa di diverso. Un cartello affisso all'entrata del campo diceva: "Chiusura definitiva: il campo sarà demolito per fare spazio a un parcheggio." Leonardo rimase immobile, il cuore pesante. Quel luogo, che per lui rappresentava la giovinezza e la libertà, stava per scomparire.

The Last Baseball Game

Summary

Leonardo, a former baseball enthusiast, discovers that the old field where he and his friends used to play is about to be demolished. Inspired by his son Matteo, he organizes one final game, reuniting with old friends and the local community. The day becomes a celebration of shared memories and the joy of the sport. The community's efforts eventually save the field from demolition, ensuring it remains a place for future generations to play and connect. Leonardo passes his love of baseball to Matteo, creating new memories together.

Leonardo had always loved baseball. Growing up in the 1970s in a small town in northern Italy, he had fallen in love with the sport while watching old American movies with his father. The local baseball field wasn't very large, but for Leonardo and his friends, it was a magical place where every game felt like an adventure.

Over time, life had taken him away from the field. Work, family, and responsibilities had taken over, but baseball had always remained in his heart. Even though he no longer played, he occasionally passed by the old field, now abandoned, and stopped to remember the days when dust and the smell of a leather glove were part of his everyday life.

One morning, while out for a walk, he noticed something different. A sign posted at the entrance to the field read: "Final closure: the field will be demolished to make space for a parking lot." Leonardo stood still, his heart heavy. That place, which for him represented youth and freedom, was about to disappear.

Quella sera, mentre cenava con la sua famiglia, parlò del cartello. Suo figlio Matteo, di 15 anni, lo ascoltava con attenzione. "Papà," disse, "non hai mai giocato a baseball con me. Perché non organizziamo una partita prima che il campo venga demolito?"

La proposta colpì Leonardo. Non solo avrebbe avuto l'occasione di tornare a giocare, ma avrebbe anche potuto condividere la sua passione con il figlio. "È una grande idea," disse con un sorriso.

Nei giorni seguenti, Leonardo contattò i suoi vecchi amici. Molti di loro erano entusiasti all'idea di tornare sul campo, anche solo per un'ultima volta. "Porterò la mia vecchia mazza," disse Carlo, il suo miglior amico e compagno di squadra. "Non sarà più come una volta, ma sarà divertente."

La notizia della partita si sparse rapidamente nella piccola comunità. Anche chi non aveva mai giocato a baseball si offrì di partecipare come spettatore o per dare una mano con l'organizzazione. Una vecchia conoscenza di Leonardo, che gestiva un piccolo bar, si offrì di portare bibite e snack per tutti.

Il giorno della partita, il campo era pieno di gente. Alcuni spettatori erano venuti per curiosità, altri per rivivere i ricordi, e molti erano semplicemente lì per sostenere Leonardo e i suoi amici. Matteo, che non aveva mai giocato a baseball seriamente, indossava una vecchia divisa che Leonardo aveva conservato. "Sembri un vero professionista," disse suo padre con orgoglio.

Quando iniziò la partita, Leonardo si sentì come se fosse tornato indietro nel tempo. Il suono del bastone che colpiva la palla, le urla di incoraggiamento e il profumo dell'erba gli ricordarono perché aveva amato così tanto quello sport. Anche se molti dei giocatori non erano più agili come una volta, l'entusiasmo era lo stesso di allora.

Matteo, inizialmente un po' nervoso, cominciò a divertirsi. Quando riuscì a colpire la palla per la prima volta, la folla esplose in un applauso. Leonardo, dalla prima base, gli gridò: "Corri, Matteo, corri!"

La partita continuò tra risate, battute e una sana competizione.

That evening, while having dinner with his family, Leonardo talked about the sign. His 15-year-old son, Matteo, listened attentively. "Dad," he said, "you've never played baseball with me. Why don't we organize a game before the field is demolished?"

The suggestion struck Leonardo. Not only would he have the chance to play again, but he could also share his passion with his son. "That's a great idea," he said with a smile.

In the following days, Leonardo contacted his old friends. Many of them were excited about the idea of returning to the field, even if just for one last time. "I'll bring my old bat," said Carlo, his best friend and former teammate. "It won't be like it used to be, but it'll be fun."

The news of the game quickly spread through the small community. Even those who had never played baseball offered to join as spectators or to help with the organization. An old acquaintance of Leonardo's, who ran a small bar, offered to bring drinks and snacks for everyone.

On the day of the game, the field was full of people. Some spectators came out of curiosity, others to relive old memories, and many simply to support Leonardo and his friends. Matteo, who had never played baseball seriously, wore an old uniform that Leonardo had kept. "You look like a real pro," his father said proudly.

When the game began, Leonardo felt like he had gone back in time. The sound of the bat hitting the ball, the cheers of encouragement, and the smell of the grass reminded him why he had loved the sport so much. Even though many of the players were no longer as agile as they once were, the enthusiasm was just as strong as it had been back then.

Matteo, initially a bit nervous, started to have fun. When he managed to hit the ball for the first time, the crowd erupted in applause. Leonardo, standing on first base, shouted to him, "Run, Matteo, run!"

The game continued with laughter, jokes, and healthy competition.

Ma per Leonardo non era importante vincere o perdere. Quello che contava era essere lì, con le persone che amava, a celebrare un pezzo importante della sua vita.

La partita proseguì con la stessa energia e gioia che Leonardo ricordava dai suoi giorni di gioventù. Ogni giocata era un'occasione per ridere e rivivere i momenti passati, anche se i riflessi non erano più quelli di una volta e qualche tiro finiva ben lontano dal bersaglio.

Al settimo inning, con il punteggio in parità, Leonardo si trovò di nuovo in battuta. Guardò il lanciatore, Carlo, che gli fece un cenno divertito. "Vediamo se hai ancora il tocco, vecchio amico," disse Carlo prima di lanciare la palla.

Leonardo strinse forte la mazza, si concentrò e colpì con tutta la forza che aveva. La palla volò alta nel cielo, superando il campo e atterrando in un cespuglio oltre la recinzione. La folla esplose in un applauso, e Leonardo corse le basi con un sorriso che non aveva provato da anni. Quando tornò alla panchina, Matteo gli diede il cinque. "Sei incredibile, papà!" disse, ammirato.

Ma più che l'entusiasmo del momento, fu il senso di comunità a colpire Leonardo. Guardandosi intorno, vide visi sorridenti e persone che, anche se non conoscevano le regole del baseball, si godevano la giornata.

Durante una pausa, Leonardo si avvicinò a Matteo, che era seduto sull'erba con altri ragazzi che avevano deciso di partecipare. "Ti stai divertendo?" chiese.

"Molto," rispose Matteo. "Non pensavo che il baseball potesse essere così emozionante. Grazie per avermi portato qui."

Leonardo si sedette accanto a lui e gli mise una mano sulla spalla. "È più di uno sport," disse. "È un modo per stare insieme, per creare ricordi. E oggi stiamo creando qualcosa di speciale."

La partita si concluse con una vittoria della squadra di Carlo, ma nessuno sembrava preoccuparsi del risultato. Al contrario, tutti erano d'accordo che la vera vittoria fosse stata il ritrovarsi su quel campo per un'ultima volta.

But for Leonardo, winning or losing wasn't important. What mattered was being there, with the people he loved, celebrating an important part of his life.

The game continued with the same energy and joy that Leonardo remembered from his youth. Every play was an opportunity to laugh and relive past moments, even though their reflexes were no longer what they once were and some throws landed far from the target.

In the seventh inning, with the score tied, Leonardo found himself at bat again. He looked at the pitcher, Carlo, who gave him a playful nod. "Let's see if you've still got it, old friend," Carlo said before pitching the ball.

Leonardo gripped the bat tightly, focused, and hit with all his strength. The ball soared high into the sky, flying past the field and landing in a bush beyond the fence. The crowd erupted in applause, and Leonardo ran the bases with a smile he hadn't felt in years. When he returned to the bench, Matteo gave him a high five. "You're amazing, Dad!" he said, admiringly.

But more than the excitement of the moment, it was the sense of community that struck Leonardo. Looking around, he saw smiling faces and people who, even if they didn't know the rules of baseball, were enjoying the day.

During a break, Leonardo approached Matteo, who was sitting on the grass with other kids who had decided to join in. "Are you having fun?" he asked.

"A lot," Matteo replied. "I didn't think baseball could be this exciting. Thanks for bringing me here."

Leonardo sat down next to him and put a hand on his shoulder. "It's more than a sport," he said. "It's a way to be together, to create memories. And today we're making something special."

The game ended with a victory for Carlo's team, but no one seemed to care about the result. On the contrary, everyone agreed that the real victory was coming together on that field one last time.

Dopo la partita, i giocatori e gli spettatori si riunirono intorno a un tavolo improvvisato pieno di snack e bevande. Le risate e i racconti di vecchi aneddoti riempirono l'aria mentre il sole iniziava a tramontare.

A un certo punto, un uomo della comunità si avvicinò a Leonardo con una proposta. "Sai," disse, "ho un po' di contatti in municipio. Forse possiamo fare qualcosa per salvare il campo. È evidente che questo posto ha un valore speciale per tutti noi."

Leonardo, sorpreso e commosso, annuì. "Sarebbe incredibile," rispose. "Questo campo non è solo un pezzo di terra. È parte della nostra storia."

Quella notte, mentre Leonardo e Matteo tornavano a casa, il ragazzo disse: "Papà, possiamo giocare di nuovo, anche se il campo sarà demolito?"

Leonardo sorrise. "Certo, Matteo. Possiamo giocare ovunque. Non importa dove siamo, finché siamo insieme."

I giorni seguenti furono un susseguirsi di chiamate e incontri per cercare di salvare il campo. La comunità si mobilitò, raccogliendo firme e condividendo storie su quanto quel luogo fosse stato importante per loro.

Alla fine, il campo fu salvato. Non fu trasformato in un grande stadio o in un'attrazione turistica, ma rimase un luogo dove chiunque poteva andare per giocare, ricordare e creare nuovi ricordi.

Leonardo continuò a portare Matteo a giocare, insegnandogli tutto ciò che sapeva sul baseball. E ogni volta che colpiva la palla o faceva un buon lancio, vedeva nel sorriso del figlio la stessa gioia che lui aveva provato tanti anni prima.

After the game, the players and spectators gathered around a makeshift table filled with snacks and drinks. Laughter and stories of old anecdotes filled the air as the sun began to set.

At one point, a man from the community approached Leonardo with a proposal. "You know," he said, "I have some contacts at city hall. Maybe we can do something to save the field. It's clear this place has special value for all of us."

Leonardo, surprised and moved, nodded. "That would be incredible," he replied. "This field isn't just a piece of land. It's part of our history."

That night, as Leonardo and Matteo walked home, the boy said, "Dad, can we play again, even if the field gets demolished?"

Leonardo smiled. "Of course, Matteo. We can play anywhere. It doesn't matter where we are, as long as we're together."

The following days were filled with phone calls and meetings to try to save the field. The community mobilized, collecting signatures and sharing stories about how important that place had been to them.

In the end, the field was saved. It wasn't turned into a big stadium or a tourist attraction, but it remained a place where anyone could go to play, remember, and create new memories.

Leonardo continued to bring Matteo to play, teaching him everything he knew about baseball. And every time Matteo hit the ball or made a good throw, Leonardo saw in his son's smile the same joy he had felt so many years ago.

Domande

1. Cosa spinge Leonardo a organizzare un'ultima partita di baseball?
a. Vuole insegnare a Matteo come giocare
b. Scopre che il campo sta per essere demolito
c. Un vecchio amico lo invita a giocare
d. Decide di partecipare a un torneo locale

2. Chi suggerisce l'idea della partita?
a. Leonardo
b. Suo figlio Matteo
c. Carlo, il suo miglior amico
d. Un membro della comunità

3. Come reagisce la comunità all'annuncio della partita?
a. Mostra poco interesse
b. Si unisce con entusiasmo per supportare l'evento
c. Si oppone all'idea della partita
d. Organizza un torneo competitivo

4. Cosa succede dopo la partita?

a. La comunità si mobilita per salvare il campo dalla demolizione

b. Leonardo decide di costruire un nuovo campo

c. Matteo vince un premio per il miglior giocatore

d. Il campo viene immediatamente chiuso

5. Qual è il messaggio principale della storia?

a. I ricordi e le connessioni umane sono più importanti dei luoghi fisici

b. Il baseball è lo sport più significativo per le comunità

c. Gli spazi condivisi devono sempre essere preservati

d. Non è mai troppo tardi per ricominciare a giocare

Storie di Viaggi in Camper

Riassunto

Giulia e Andrea lasciano la loro vita di routine per esplorare l'Italia con un vecchio camper chiamato "Libertà." Durante il viaggio incontrano persone gentili, partecipano a festival e ammirano paesaggi mozzafiato. Ogni tappa aggiunge una storia al loro diario di viaggio, dal riparare il camper con l'aiuto di locali al superare un violento temporale. La coppia impara ad abbracciare l'imprevisto e trova gioia nel connettersi con le persone e la natura. Alla fine, riflettono su come il viaggio abbia trasformato la loro prospettiva e rafforzato il loro legame.

Giulia e Andrea erano una coppia che, per anni, aveva seguito una routine prevedibile: lavoro dal lunedì al venerdì, la spesa il sabato, un film la domenica sera. La loro vita era stabile, ma spesso si trovavano a sognare ad alta voce davanti a un caffè. "E se lasciassimo tutto e partissimo?" diceva Andrea.

Un giorno, quel sogno diventò realtà. Dopo mesi di riflessione e risparmi, decisero di acquistare un vecchio camper Volkswagen degli anni '80, che chiamarono "Libertà". Con un po' di lavoro, trasformarono il mezzo in una piccola casa su ruote, dotata di un letto comodo, una cucina essenziale e uno spazio per mangiare.

Quando finalmente partirono, non avevano un piano preciso. "Andiamo dove ci porta la strada," disse Giulia con entusiasmo, stringendo in mano una vecchia mappa. Il loro primo viaggio li portò attraverso le colline toscane, dove parcheggiarono il camper accanto a un campo di girasoli e passarono la serata sotto le stelle.

Stories from the Road in a Camper

Summary

Giulia and Andrea leave their routine life behind to explore Italy in a vintage camper named "Libertà." Along their journey, they encounter kind strangers, festivals, and breathtaking landscapes. Each stop adds a story to their travel journal, from fixing their camper with the help of locals to weathering a fierce storm. The couple learns to embrace the unexpected and finds joy in connecting with people and nature. By the end, they reflect on how their journey has transformed their outlook on life and deepened their bond.

Giulia and Andrea were a couple who, for years, had followed a predictable routine: work from Monday to Friday, grocery shopping on Saturday, and a movie on Sunday evening. Their life was stable, but they often found themselves dreaming out loud over a cup of coffee. "What if we left everything behind and took off?" Andrea would say.

One day, that dream became a reality. After months of reflection and saving, they decided to buy an old Volkswagen camper from the 1980s, which they named "Liberty." With some work, they transformed the vehicle into a small home on wheels, equipped with a comfortable bed, a basic kitchen, and a dining space.

When they finally set off, they didn't have a precise plan. "Let's go wherever the road takes us," Giulia said enthusiastically, holding an old map in her hand. Their first trip took them through the Tuscan hills, where they parked the camper next to a sunflower field and spent the evening under the stars.

Le prime settimane furono un'avventura continua. Ogni giorno era diverso: un piccolo villaggio con strade acciottolate, un mercato locale pieno di colori e profumi, un tramonto che tingeva il mare di rosso. La libertà di svegliarsi senza un orologio e di decidere al momento la prossima destinazione era qualcosa che non avevano mai provato prima.

Non mancarono, però, le difficoltà. Una mattina, mentre attraversavano un passo di montagna, il motore del camper si spense improvvisamente. "Siamo bloccati," disse Andrea, cercando di nascondere la frustrazione.

Per fortuna, un uomo del posto, Pietro, li vide e si fermò a offrire aiuto. "Questo vecchio modello? Lo conosco bene," disse con un sorriso. Con un po' di ingegno e qualche attrezzo, riuscì a rimettere in moto il camper. "Ora siete pronti per continuare il viaggio," disse Pietro, rifiutando qualsiasi pagamento.

"Grazie," rispose Giulia. "Senza di te saremmo ancora bloccati."

Quel giorno, capirono che i viaggi non riguardano solo i luoghi, ma anche le persone che si incontrano lungo la strada. Decisero di annotare ogni storia e ogni volto in un diario di viaggio, che presto divenne uno dei loro tesori più preziosi.

Uno dei momenti più memorabili arrivò quando raggiunsero un piccolo villaggio sul mare. Parcheggiarono il camper vicino alla spiaggia e passarono la giornata camminando lungo la costa. Al tramonto, incontrarono una coppia di anziani, Paolo e Lucia, che li invitarono a cena.

La serata si trasformò in una festa improvvisata, con piatti locali, vino e racconti di viaggi. "Abbiamo fatto qualcosa di simile quando eravamo giovani," raccontò Paolo. "Ma con una vecchia moto e una tenda!"

Andrea e Giulia ascoltarono affascinati, rendendosi conto di quanto i viaggi possano unire le persone, indipendentemente dall'età o dall'esperienza.

The first few weeks were a continuous adventure. Every day was different: a small village with cobblestone streets, a local market full of colors and scents, a sunset painting the sea red. The freedom of waking up without an alarm clock and deciding their next destination on the spot was something they had never experienced before.

However, there were challenges too. One morning, as they were crossing a mountain pass, the camper's engine suddenly stopped. "We're stuck," Andrea said, trying to hide his frustration.

Fortunately, a local man named Pietro saw them and stopped to help. "This old model? I know it well," he said with a smile. With a bit of ingenuity and some tools, he managed to get the camper running again. "Now you're ready to continue your journey," Pietro said, refusing any payment.

"Thank you," Giulia replied. "Without you, we'd still be stuck."

That day, they realized that travel isn't just about the places you visit but also about the people you meet along the way. They decided to document every story and every face in a travel journal, which soon became one of their most treasured possessions.

One of the most memorable moments came when they reached a small seaside village. They parked the camper near the beach and spent the day walking along the coast. At sunset, they met an elderly couple, Paolo and Lucia, who invited them to dinner.

The evening turned into an impromptu celebration, with local dishes, wine, and travel stories. "We did something similar when we were young," Paolo shared. "But with an old motorbike and a tent!"

Andrea and Giulia listened, captivated, realizing how travel can bring people together, regardless of age or experience.

Con il passare del tempo, "Libertà" divenne più di un semplice mezzo di trasporto. Era una casa, un rifugio e un simbolo di tutto ciò che Andrea e Giulia avevano imparato: la bellezza della semplicità, il valore della gentilezza e l'importanza di vivere il momento.

Con il passare dei mesi, il diario di viaggio di Giulia e Andrea si riempiva di storie, volti e momenti indimenticabili. Ogni pagina rappresentava un tassello della loro avventura, e ogni tappa aggiungeva qualcosa di nuovo al loro modo di vedere la vita.

Un giorno, mentre percorrevano una strada costiera in Sicilia, videro un cartello che indicava un festival locale in un piccolo villaggio. "Perché non ci fermiamo?" propose Giulia. Andrea, che adorava le tradizioni locali, accettò con entusiasmo.

Parcheggiarono il camper vicino a una piazza affollata e scoprirono un mondo di colori, musica e profumi. La gente ballava al ritmo di una banda di strumenti a fiato, e le bancarelle offrivano arancini, cannoli e altre delizie siciliane.

Durante il festival, conobbero una giovane donna di nome Sofia, che gestiva una bancarella di ceramiche dipinte a mano. "Siete viaggiatori?" chiese, notando la targa del camper.

"Più o meno," rispose Andrea. "Abbiamo lasciato tutto per esplorare l'Italia."

Sofia sorrise. "Ho sempre sognato di fare qualcosa di simile, ma non ho mai avuto il coraggio di partire."

Giulia, ispirata dalla conversazione, le disse: "Non c'è un momento giusto per partire. Basta iniziare, e il resto si sistemerà."

Prima di andare via, Sofia regalò loro una piccola tazza decorata con motivi marini. "Così avrete un pezzo della Sicilia con voi," disse.

Più tardi, quella sera, seduti davanti al mare con la tazza di Sofia tra le mani, Giulia e Andrea rifletterono su quanto ogni incontro arricchisse il loro viaggio. "Non sono solo i luoghi," disse Andrea. "Sono le persone che rendono tutto così speciale."

Ma non tutto era idilliaco. Una notte, mentre dormivano in un parcheggio remoto, furono svegliati da un temporale violento.

Over time, "Liberty" became more than just a means of transportation. It was a home, a refuge, and a symbol of everything Andrea and Giulia had learned: the beauty of simplicity, the value of kindness, and the importance of living in the moment.

As the months passed, Andrea and Giulia's travel journal filled with stories, faces, and unforgettable moments. Every page represented a piece of their adventure, and every stop added something new to their outlook on life.

One day, while driving along a coastal road in Sicily, they saw a sign for a local festival in a small village. "Why don't we stop?" Giulia suggested. Andrea, who loved local traditions, agreed enthusiastically.

They parked the camper near a crowded square and discovered a world of colors, music, and scents. People were dancing to the rhythm of a brass band, and stalls offered arancini, cannoli, and other Sicilian delicacies.

During the festival, they met a young woman named Sofia, who ran a stall selling hand-painted ceramics. "Are you travelers?" she asked, noticing the camper's license plate.

"More or less," Andrea replied. "We left everything behind to explore Italy."

Sofia smiled. "I've always dreamed of doing something like that, but I've never had the courage to start."

Giulia, inspired by the conversation, told her, "There's never a perfect time to start. You just have to begin, and everything will fall into place."

Before they left, Sofia gifted them a small cup decorated with marine motifs. "So you'll have a piece of Sicily with you," she said.

Later that evening, sitting by the sea with Sofia's cup in their hands, Giulia and Andrea reflected on how every encounter enriched their journey. "It's not just the places," Andrea said. "It's the people that make it all so special."

But not everything was idyllic. One night, while they were sleeping in a remote parking lot, they were woken by a violent thunderstorm.

Il vento faceva oscillare il camper, e la pioggia sembrava non finire mai. Andrea si preoccupò per l'elettricità e la sicurezza del mezzo, ma Giulia lo rassicurò. "Passerà," disse, stringendogli la mano.

Quando il temporale finalmente cessò, si svegliarono al mattino con un paesaggio completamente trasformato: il cielo era limpido, e un arcobaleno si rifletteva sull'acqua calma del mare. "Forse questo è il bello del viaggiare," disse Giulia. "Devi accettare gli imprevisti per apprezzare i momenti magici."

Verso la fine del loro viaggio, raggiunsero le Dolomiti, dove decisero di trascorrere qualche giorno immersi nella natura. Parcheggiarono il camper vicino a un bosco e passarono le giornate camminando tra i sentieri, raccogliendo storie che avrebbero aggiunto al loro diario.

Una mattina, incontrarono un gruppo di escursionisti che li invitarono a unirsi a loro per una passeggiata fino a un rifugio. Lungo il cammino, condivisero racconti di viaggi e risate, e quando raggiunsero la cima, si trovarono davanti a una vista mozzafiato: valli verdi, laghi cristallini e cime innevate che sembravano toccare il cielo.

Seduti sul bordo di una roccia, Andrea guardò Giulia e disse: "Non avrei mai immaginato che questa vita potesse essere così piena. Ogni giorno è una scoperta, e ogni scoperta mi fa sentire più vivo."

Giulia annuì, stringendo il diario tra le mani. "Forse non sappiamo dove ci porterà il prossimo viaggio," disse, "ma so che finché saremo insieme, sarà sempre un'avventura."

Domande

1. Perché Giulia e Andrea decidono di acquistare un camper?
a. Per partecipare a un concorso di viaggi
b. Per esplorare l'Italia in modo semplice e libero
c. Per aprire un'attività di noleggio camper
d. Per vivere lontano dalla città

2. Cosa imparano durante il festival in Sicilia?
a. A cucinare piatti tipici siciliani
b. Che ogni incontro arricchisce il viaggio
c. A guidare il camper su strade difficili
d. Che i festival locali sono una parte importante del viaggio

3. Cosa accade durante il temporale notturno?
a. Il camper si danneggia gravemente

The wind made the camper sway, and the rain seemed endless. Andrea worried about the electricity and the safety of the vehicle, but Giulia reassured him. "It will pass," she said, holding his hand.

When the storm finally ended, they woke up the next morning to a completely transformed landscape: the sky was clear, and a rainbow reflected on the calm sea. "Maybe that's the beauty of traveling," Giulia said. "You have to embrace the unexpected to appreciate the magical moments."

Toward the end of their journey, they reached the Dolomites, where they decided to spend a few days immersed in nature. They parked the camper near a forest and spent their days walking along trails, gathering stories to add to their journal.

One morning, they met a group of hikers who invited them to join a trek to a mountain refuge. Along the way, they shared travel stories and laughter, and when they reached the top, they were greeted by a breathtaking view: green valleys, crystal-clear lakes, and snow-covered peaks that seemed to touch the sky.

Sitting on the edge of a rock, Andrea looked at Giulia and said, "I never imagined this life could feel so full. Every day is a discovery, and every discovery makes me feel more alive."

Giulia nodded, holding the journal tightly in her hands. "We may not know where the next journey will take us," she said, "but I know that as long as we're together, it will always be an adventure."

b. Andrea e Giulia affrontano la paura e trovano un paesaggio trasformato al mattino
c. Devono chiedere aiuto a un gruppo di escursionisti
d. Decidono di abbandonare il viaggio

4. Come si chiama il diario in cui annotano le loro esperienze?
a. Viaggio in Libertà
b. Racconti su Ruote
c. Le Storie del Camper
d. Non è specificato nella storia

5. Qual è il messaggio principale della storia?
a. I viaggi sono fatti solo per scoprire nuovi luoghi
b. Le esperienze e le connessioni umane sono il cuore di ogni viaggio
c. Viaggiare è possibile solo con una pianificazione rigorosa
d. L'imprevisto rovina sempre i viaggi

La Libreria dell'Angolo

Riassunto

Beatrice riapre la libreria del suo quartiere d'infanzia, trasformandola in un centro vivace per la comunità. Con idee come uno scaffale per libri donati e un programma di prestito gratuito per bambini, il negozio diventa un luogo di connessione e condivisione. Ispirata dagli incontri significativi che vive, Beatrice pubblica un libro sulle storie della libreria, attirando l'attenzione a livello nazionale. Durante il suo viaggio, Beatrice non solo riporta in vita un'attività, ma trova un nuovo scopo e una famiglia nella sua comunità.

Beatrice aveva sempre amato i libri. Da bambina, passava ore a leggere nella piccola libreria di quartiere gestita dal signor Alfredo, un uomo anziano con un sorriso caloroso e un cappello sempre troppo grande. Per lei, quella libreria era un rifugio, un luogo dove i libri non erano solo oggetti, ma porte verso nuovi mondi.

Anni dopo, la vita l'aveva portata lontano dal suo vecchio quartiere. Si era trasferita in una grande città per inseguire una carriera in una casa editrice. Nonostante il lavoro le piacesse, spesso si trovava a pensare alla vecchia libreria dell'angolo e al profumo di carta che riempiva l'aria ogni volta che apriva la porta.

Un giorno, durante una visita alla sua città natale, Beatrice decise di passare davanti alla libreria. Sperava di trovare il signor Alfredo e magari di scambiare due parole con lui. Ma quando arrivò, trovò le serrande abbassate e un cartello che diceva: "Chiuso definitivamente. Vendesi locale."

Il cuore di Beatrice si strinse. Non poteva immaginare il quartiere senza quella libreria.

The Little Bookstore on the Corner

Summary

Beatrice revives her childhood neighborhood bookstore, transforming it into a vibrant community hub. With thoughtful touches like a donation shelf and free book lending for children, the store becomes a space for connection and shared stories. Inspired by the meaningful encounters she experiences, Beatrice publishes a book about the bookstore's stories, attracting national attention. Through her journey, Beatrice finds not just a revived business but a sense of purpose and a new family in her community.

Beatrice had always loved books. As a child, she spent hours reading in the small neighborhood bookstore run by Mr. Alfredo, an elderly man with a warm smile and a hat that was always too big. For her, that bookstore was a refuge, a place where books weren't just objects but doors to new worlds.

Years later, life had taken her far from her old neighborhood. She had moved to a big city to pursue a career at a publishing house. Although she enjoyed her work, she often found herself thinking about the old corner bookstore and the scent of paper that filled the air every time she opened the door.

One day, during a visit to her hometown, Beatrice decided to walk by the bookstore. She hoped to find Mr. Alfredo and perhaps exchange a few words with him. But when she arrived, she found the shutters closed and a sign that read: "Permanently Closed. Property for Sale."

Beatrice's heart sank. She couldn't imagine the neighborhood without that bookstore.

Dopo qualche minuto di esitazione, decise di chiedere informazioni a un negoziante vicino. "Il signor Alfredo?" chiese.

"È andato in pensione," rispose l'uomo. "Nessuno ha voluto rilevare la libreria, così ha chiuso."

Quella sera, Beatrice non riuscì a togliersi dalla testa l'immagine della libreria chiusa. Decise di fare qualcosa di impulsivo: rilevare il negozio. Non sapeva nulla di come gestire una libreria, ma l'idea di riportarla in vita la entusiasmava. "Forse questo è ciò di cui ho bisogno," pensò.

Nei mesi seguenti, Beatrice lasciò il lavoro in città e si trasferì nel vecchio quartiere. Il locale era in condizioni disastrose, ma con l'aiuto di alcuni vecchi amici e una buona dose di entusiasmo, iniziò a ristrutturarlo. Le pareti furono ridipinte, gli scaffali riparati, e i pavimenti lucidati.

Quando finalmente la libreria riaprì, Beatrice decise di mantenere il nome originale: La Libreria dell'Angolo. Per rendere il luogo ancora più speciale, creò un angolo dedicato ai bambini, con cuscini colorati e una piccola libreria piena di fiabe. Organizzò anche serate di lettura e incontri con autori locali, trasformando la libreria in un centro di aggregazione per il quartiere.

I primi clienti furono per lo più persone curiose, attratte dal ritorno della libreria. Tra loro c'era anche il signor Alfredo, che entrò con un sorriso emozionato. "Non avrei mai pensato di rivedere questo posto aperto," disse, guardandosi intorno.

Beatrice lo accolse con un abbraccio. "Questo posto esiste grazie a te," rispose. "Ho imparato ad amare i libri qui."

Con il passare dei giorni, sempre più persone iniziarono a frequentare la libreria. C'erano lettori appassionati, bambini curiosi e persino persone che non leggevano spesso ma che venivano per l'atmosfera calda e accogliente.

Una sera, mentre chiudeva il negozio, Beatrice trovò un biglietto lasciato vicino alla cassa. C'era scritto: "Grazie per aver riportato in vita un luogo così speciale. Questa libreria ci ricorda quanto sia importante avere un posto dove i sogni possono nascere."

After a few minutes of hesitation, she decided to ask a nearby shopkeeper for information. "Mr. Alfredo?" she asked.

"He's retired," the man replied. "No one wanted to take over the bookstore, so he closed it."

That evening, Beatrice couldn't get the image of the closed bookstore out of her mind. She decided to do something impulsive: take over the shop. She didn't know anything about running a bookstore, but the idea of bringing it back to life excited her. "Maybe this is exactly what I need," she thought.

In the following months, Beatrice left her job in the city and moved back to her old neighborhood. The shop was in terrible condition, but with the help of a few old friends and a good dose of enthusiasm, she began renovating it. The walls were repainted, the shelves repaired, and the floors polished.

When the bookstore finally reopened, Beatrice decided to keep the original name: The Corner Bookstore. To make the place even more special, she created a children's corner with colorful cushions and a small bookshelf filled with fairy tales. She also organized reading nights and events with local authors, transforming the bookstore into a gathering place for the neighborhood.

The first customers were mostly curious locals, drawn by the return of the bookstore. Among them was Mr. Alfredo, who entered with an emotional smile. "I never thought I'd see this place open again," he said, looking around.

Beatrice greeted him with a hug. "This place exists because of you," she replied. "I learned to love books here."

As the days passed, more and more people began to visit the bookstore. There were avid readers, curious children, and even people who didn't read often but came for the warm and welcoming atmosphere.

One evening, as Beatrice was closing the shop, she found a note left near the cash register. It read: "Thank you for bringing back such a special place. This bookstore reminds us how important it is to have a space where dreams can be born."

Beatrice sorrise, con le lacrime agli occhi. Non sapeva chi avesse scritto quel messaggio, ma sentiva che aveva fatto la scelta giusta.

La libreria di Beatrice continuava a crescere, diventando un punto di riferimento per il quartiere. Ogni settimana, nuovi clienti scoprivano il piccolo negozio, attirati dalle storie che giravano su quel luogo magico dove il tempo sembrava fermarsi.

Un giorno, mentre sistemava una pila di libri sullo scaffale principale, Beatrice notò un uomo che entrava con passo incerto. Portava un cappello di lana e stringeva un vecchio libro contro il petto. "Buongiorno," disse con un sorriso timido.

"Buongiorno," rispose Beatrice. "Posso aiutarla?"

L'uomo esitò per un momento, poi le porse il libro. Era una copia consumata di un romanzo di Italo Calvino. "Questo apparteneva a mia madre," spiegò. "Lo leggeva sempre e diceva che le aveva cambiato la vita. Vorrei regalarlo alla libreria, così qualcun altro potrà trovarlo e magari vivere la stessa esperienza."

Beatrice prese il libro con delicatezza. "Grazie," disse. "Lo metterò in un posto speciale." Decise di creare uno scaffale dedicato ai "libri donati con amore", dove ogni volume aveva una breve nota che raccontava la sua storia. Quel gesto ispirò altri clienti a fare lo stesso, portando libri con storie personali che aggiungevano un tocco unico alla libreria.

Nel frattempo, Beatrice iniziò a collaborare con la scuola del quartiere, invitando gli studenti a visitare la libreria per incontri di lettura. Durante uno di questi eventi, un bambino di nome Marco si avvicinò a lei con gli occhi pieni di entusiasmo. "Mi piace leggere," disse, "ma non ho molti libri a casa."

Beatrice, colpita dalla sua sincerità, gli regalò una copia di un romanzo per ragazzi. "Questo è per te," disse. "Leggilo e, quando l'hai finito, torna qui e raccontami cosa ne pensi."

Beatrice smiled, tears welling up in her eyes. She didn't know who had written that message, but she felt she had made the right choice.

Beatrice's bookstore continued to grow, becoming a cornerstone of the neighborhood. Every week, new customers discovered the little shop, drawn by the stories circulating about that magical place where time seemed to stand still.

One day, while arranging a stack of books on the main shelf, Beatrice noticed a man entering with hesitant steps. He wore a wool hat and clutched an old book to his chest. "Good morning," he said with a shy smile.

"Good morning," Beatrice replied. "Can I help you?"

The man hesitated for a moment before handing her the book. It was a worn copy of a novel by Italo Calvino. "This belonged to my mother," he explained. "She used to read it all the time and said it changed her life. I'd like to donate it to the bookstore so someone else can find it and maybe have the same experience."

Beatrice took the book gently. "Thank you," she said. "I'll put it in a special place." She decided to create a shelf dedicated to "Books Donated with Love," where each volume included a short note telling its story. That gesture inspired other customers to do the same, bringing books with personal histories that added a unique touch to the bookstore.

Meanwhile, Beatrice began collaborating with the local school, inviting students to visit the bookstore for reading events. During one of these events, a boy named Marco approached her with eyes full of enthusiasm. "I love reading," he said, "but I don't have many books at home."

Touched by his sincerity, Beatrice gave him a copy of a children's novel. "This is for you," she said. "Read it, and when you're done, come back and tell me what you think."

Settimane dopo, Marco tornò, con il libro in mano e un sorriso radioso. "Era bellissimo," disse. "Posso prenderne un altro?" Beatrice capì che quel semplice gesto aveva acceso una passione in Marco, e decise di creare un piccolo programma di prestito gratuito per i bambini del quartiere.

Con il tempo, la libreria divenne molto più di un semplice negozio. Era un luogo di storie, connessioni e sogni condivisi. Beatrice iniziò a scrivere le sue esperienze in un diario, annotando gli incontri più memorabili e i momenti più toccanti.

Un giorno, ricevette una visita inaspettata. Era una donna elegante, con un sorriso gentile. "Mi chiamo Clara," disse. "Ho sentito parlare della sua libreria e vorrei proporle qualcosa. Sono un'agente letteraria, e penso che le sue storie potrebbero diventare un libro."

Beatrice rimase sorpresa, ma anche incuriosita. Non aveva mai pensato di scrivere un libro, ma l'idea di condividere le storie della libreria con un pubblico più ampio la affascinava. Decise di accettare la proposta, e nei mesi seguenti lavorò al manoscritto.

Quando il libro, intitolato "La Libreria dell'Angolo: Storie e Sogni tra gli Scaffali", fu pubblicato, ebbe un grande successo. Le persone di tutta Italia iniziarono a visitare la libreria, attratte non solo dai libri, ma anche dall'energia speciale che Beatrice aveva creato.

Una sera, mentre chiudeva il negozio, Beatrice si sedette sull'angolo del bancone con il diario tra le mani. Guardò gli scaffali pieni, il tavolo dei libri donati e il piccolo angolo per i bambini, e si rese conto di quanto fosse cambiata la sua vita.

Aveva iniziato quel viaggio per riportare in vita un ricordo, ma aveva trovato molto di più: una comunità, una nuova famiglia e un senso di scopo che non avrebbe mai immaginato.

Weeks later, Marco returned, book in hand and a radiant smile on his face. "It was amazing," he said. "Can I borrow another one?" Beatrice realized that this simple gesture had sparked a passion in Marco, and she decided to create a small free lending program for the neighborhood's children.

Over time, the bookstore became much more than just a shop. It was a place of stories, connections, and shared dreams. Beatrice began writing about her experiences in a journal, noting the most memorable encounters and the most touching moments.

One day, she received an unexpected visit. It was an elegant woman with a kind smile. "My name is Clara," she said. "I've heard about your bookstore, and I'd like to propose something. I'm a literary agent, and I think your stories could become a book."

Beatrice was surprised but also intrigued. She had never thought about writing a book, but the idea of sharing the bookstore's stories with a wider audience fascinated her. She decided to accept the proposal, and in the following months, she worked on the manuscript.

When the book, titled The Corner Bookstore: Stories and Dreams Among the Shelves, was published, it became a great success. People from all over Italy started visiting the bookstore, drawn not only by the books but also by the special energy Beatrice had created.

One evening, as she was closing the shop, Beatrice sat on the corner of the counter with her journal in hand. She looked at the full shelves, the table of donated books, and the little children's corner, realizing how much her life had changed.

She had started this journey to bring a memory back to life, but she had found so much more: a community, a new family, and a sense of purpose she had never imagined.

Domande

1. Perché Beatrice decide di riaprire la libreria?
a. Vuole avviare un'attività redditizia
b. Vuole preservare i ricordi della sua infanzia
c. È costretta a farlo per motivi economici
d. Vuole aiutare il signor Alfredo

2. Cosa fa Beatrice con il libro donato dall'uomo?
a. Lo mette in uno scaffale speciale per libri con storie personali
b. Lo vende immediatamente a un cliente
c. Lo tiene per sé come ricordo
d. Lo regala a un bambino del quartiere

3. Cosa ispira Beatrice a creare un programma di prestito gratuito?
a. L'incontro con Marco, un bambino appassionato di lettura
b. Un suggerimento del signor Alfredo
c. Una richiesta della scuola del quartiere
d. Un'idea letta in un libro

4. Chi propone a Beatrice di scrivere un libro?

a. Un cliente abituale della libreria

b. Una donna agente letteraria di nome Clara

c. Un amico d'infanzia di Beatrice

d. Un editore locale

5. Qual è il messaggio principale della storia?

a. Le librerie possono diventare il cuore di una comunità

b. Gli affari devono sempre essere pianificati con cura

c. I libri sono importanti solo per i bambini

d. È impossibile mantenere vivo un luogo del passato

Ritrovarsi dopo Trent'Anni

Riassunto

Dopo trent'anni di separazione, Marco e Paolo, amici d'infanzia, si ritrovano e riscoprono il loro legame. Ispirati dai ricordi delle loro avventure giovanili, riparano un vecchio gommone e navigano su un fiume vicino, riflettendo sui sogni condivisi e sulle strade che le loro vite hanno preso. Tra risate e conversazioni sincere, riscoprono l'importanza della loro amicizia e si promettono di non lasciarsi più allontanare dal tempo, dimostrando che non è mai troppo tardi per creare nuovi ricordi.

Marco e Paolo erano stati inseparabili da ragazzi. Cresciuti nello stesso piccolo paese, passavano ogni pomeriggio insieme, giocando a pallone nel campetto dietro la scuola o esplorando i boschi vicini con una mappa disegnata a mano. Erano migliori amici, fratelli non di sangue ma di cuore.

Ma la vita aveva preso strade diverse. Dopo il liceo, Marco si era trasferito a Milano per studiare ingegneria, mentre Paolo era rimasto in paese per aiutare i genitori nella loro piccola bottega. Gli anni passarono, le lettere si fecero sempre più rare, e infine persero completamente i contatti.

Un giorno, trent'anni dopo, Marco ricevette un invito inaspettato. Era una cartolina con un disegno a mano del vecchio campetto dove giocavano da ragazzi. Sul retro c'era scritto: "Ritroviamoci. Domenica, ore 15. Campetto dietro la scuola. Paolo."

Marco rimase senza parole. Non vedeva Paolo da decenni, e il ricordo di lui era avvolto in un misto di nostalgia e rimpianto. Senza pensarci troppo, decise di accettare l'invito.

Reuniting After Thirty Years

Summary

After thirty years apart, childhood friends Marco and Paolo reunite and rekindle their bond. Inspired by memories of their youthful adventures, they repair an old inflatable boat and navigate a nearby river, revisiting their shared dreams and reflecting on the paths their lives have taken. Through laughter and heartfelt conversations, they rediscover the importance of connection and promise to prioritize their friendship moving forward, proving it's never too late to create new memories.

Marco and Paolo had been inseparable as boys. Growing up in the same small town, they spent every afternoon together, playing soccer on the field behind the school or exploring the nearby woods with a hand-drawn map. They were best friends, brothers not by blood but by heart.

But life had taken different paths. After high school, Marco moved to Milan to study engineering, while Paolo stayed in the town to help his parents with their small shop. Years passed, their letters became increasingly rare, and eventually, they completely lost touch.

One day, thirty years later, Marco received an unexpected invitation. It was a postcard with a hand-drawn sketch of the old soccer field where they had played as kids. On the back, it read: "Let's meet again. Sunday, 3 PM. Field behind the school. Paolo."

Marco was speechless. He hadn't seen Paolo in decades, and the memory of him was wrapped in a mix of nostalgia and regret. Without overthinking it, he decided to accept the invitation.

La domenica successiva, Marco prese il treno per tornare al paese. Quando arrivò, tutto sembrava più piccolo rispetto ai suoi ricordi: le case, le strade, persino la piazza centrale. Ma l'emozione di rivedere Paolo era più forte di qualsiasi malinconia.

Arrivò al campetto qualche minuto prima dell'orario stabilito. Il posto era cambiato poco: l'erba era più alta, le porte arrugginite, ma l'atmosfera era la stessa di quando erano ragazzi.

Dopo qualche istante, vide una figura avvicinarsi. Era Paolo, leggermente più grigio, un po' più robusto, ma con lo stesso sorriso caloroso che Marco ricordava. "Non ci posso credere," disse Marco, avvicinandosi.

"Eppure eccoci qui," rispose Paolo, allargando le braccia per un abbraccio.

Si sedettero su una vecchia panchina, raccontandosi le rispettive vite. Marco parlò del suo lavoro come ingegnere e della famiglia che aveva costruito a Milano. Paolo raccontò della bottega, del matrimonio e dei suoi figli ormai grandi. Ogni parola era come un ponte che li riportava ai giorni passati.

A un certo punto, Paolo tirò fuori una vecchia scatola di latta. "Ricordi questa?" chiese. Marco la riconobbe subito: era la scatola dove, da ragazzi, nascondevano biglietti, piccoli tesori e promesse.

Paolo l'aprì, mostrando il contenuto: una foto di loro due con le braccia sulle spalle, un portachiavi arrugginito e un foglio di carta con una lista di "cose da fare insieme". Marco rise vedendo quelle parole. "Scalare una montagna, costruire una zattera, viaggiare in America… Eravamo proprio sognatori."

"E molti di questi sogni non li abbiamo mai realizzati," disse Paolo, con un tocco di malinconia.

"Non è mai troppo tardi," rispose Marco, sorridendo.

Passarono ore a parlare, ridere e ricordare. Si accorsero di quante cose avessero perso negli anni, ma anche di quanto fosse facile ritrovare quella connessione speciale. Era come se il tempo non fosse mai passato.

The following Sunday, Marco took the train back to his hometown. When he arrived, everything seemed smaller than he remembered: the houses, the streets, even the central square. But the excitement of seeing Paolo again was stronger than any melancholy.

He arrived at the soccer field a few minutes early. The place had changed little: the grass was taller, the goalposts were rusted, but the atmosphere was the same as when they were kids.

After a moment, he saw a figure approaching. It was Paolo, slightly grayer, a bit heavier, but with the same warm smile Marco remembered. "I can't believe it," Marco said, walking toward him.

"And yet, here we are," Paolo replied, spreading his arms for a hug.

They sat on an old bench, sharing stories about their lives. Marco talked about his work as an engineer and the family he had built in Milan. Paolo spoke about the shop, his marriage, and his now-grown children. Every word was like a bridge that brought them back to their younger days.

At one point, Paolo pulled out an old tin box. "Do you remember this?" he asked. Marco recognized it immediately: it was the box where, as kids, they had hidden notes, little treasures, and promises.

Paolo opened it, revealing its contents: a photo of the two of them with their arms around each other, a rusty keychain, and a piece of paper with a list of "things to do together." Marco laughed when he saw the words. "Climb a mountain, build a raft, travel to America... We were such dreamers."

"And so many of those dreams we never fulfilled," Paolo said, with a hint of sadness.

"It's never too late," Marco replied with a smile.

They spent hours talking, laughing, and reminiscing. They realized how much they had missed over the years but also how easy it was to reconnect. It was as if no time had passed at all.

Quando il sole iniziò a calare, Paolo propose: "Perché non iniziamo con uno di quei sogni? Domani mattina, ho un vecchio gommone in garage. Possiamo costruire una zattera e provare a navigare sul fiume, come volevamo da ragazzi."

Marco rise. "Sei serio?"

"Certo. Dopo tutto, abbiamo trent'anni da recuperare."

La mattina seguente, Marco si presentò davanti alla casa di Paolo con un caffè in mano e un sorriso di curiosità. "Allora," disse, "dov'è questo famoso gommone?"

Paolo lo condusse nel garage, un luogo pieno di oggetti che sembravano avere una storia: vecchie biciclette, attrezzi arrugginiti e un gommone sgonfiato appoggiato in un angolo. "Non è proprio una zattera," disse Paolo ridendo, "ma con un po' di lavoro possiamo farlo funzionare."

Passarono la mattinata a riparare il gommone, sostituendo alcune parti usurate e gonfiandolo con una pompa che sembrava avere più anni di loro. Durante il lavoro, continuavano a scherzare e a ricordare le loro vecchie avventure, come quella volta in cui avevano cercato di costruire una capanna nel bosco ma avevano finito per demolirla accidentalmente prima di completarla.

Quando finalmente il gommone fu pronto, lo caricarono su una vecchia carriola e lo portarono fino al fiume, a pochi minuti di cammino dal paese. Il sole era alto nel cielo, e il suono dell'acqua che scorreva creava un'atmosfera di calma perfetta per la loro impresa.

"Eccoci qui," disse Marco, osservando il fiume. "Pronti per la nostra prima avventura dopo trent'anni."

"Non aspettarti troppo," rispose Paolo con un sorriso. "Siamo un po' arrugginiti."

Si misero in acqua con cautela, remando lentamente per prendere confidenza con il gommone. Dopo i primi minuti di incertezza, iniziarono a divertirsi, scivolando lungo il fiume e ridendo ogni volta che il gommone prendeva una piccola scossa contro le rocce.

"Ti ricordi quando volevamo navigare fino al mare?" chiese Paolo.

As the sun began to set, Paolo suggested, "Why don't we start with one of those dreams? Tomorrow morning, I've got an old inflatable raft in the garage. We can build a raft and try navigating the river, just like we wanted to as kids."

Marco laughed. "Are you serious?"

"Of course. After all, we've got thirty years to make up for."

The next morning, Marco showed up in front of Paolo's house with a coffee in hand and a curious smile. "So," he said, "where's this famous raft?"

Paolo led him to the garage, a place full of objects that seemed to have a story: old bicycles, rusty tools, and a deflated raft lying in a corner. "It's not exactly a raft," Paolo said, laughing, "but with a bit of work, we can make it work."

They spent the morning fixing the raft, replacing some worn-out parts and inflating it with a pump that seemed older than both of them. While they worked, they kept joking and reminiscing about their past adventures, like the time they tried to build a treehouse in the woods but accidentally tore it down before they could finish.

When the raft was finally ready, they loaded it onto an old wheelbarrow and brought it to the river, just a few minutes' walk from the town. The sun was high in the sky, and the sound of the flowing water created a perfectly calm atmosphere for their endeavor.

"Here we are," Marco said, looking at the river. "Ready for our first adventure in thirty years."

"Don't expect too much," Paolo replied with a smile. "We're a bit rusty."

They cautiously got into the water, paddling slowly to get used to the raft. After a few minutes of uncertainty, they began to enjoy themselves, gliding along the river and laughing every time the raft bumped against the rocks.

"Do you remember when we wanted to navigate all the way to the sea?" Paolo asked.

"E come no?" rispose Marco. "Pensavamo che il fiume arrivasse direttamente all'oceano!"

Il viaggio sul fiume divenne un'occasione per riflettere non solo sul passato, ma anche sul presente. Paolo confessò a Marco che, negli ultimi anni, si era sentito spesso intrappolato nella routine, come se avesse dimenticato chi fosse realmente.

"E allora ho pensato a te," disse Paolo. "A quanto eravamo spensierati. A come affrontavamo tutto con entusiasmo. E mi sono chiesto: perché non posso ritrovare almeno un po' di quella leggerezza?"

Marco rimase in silenzio per un momento, guardando l'acqua. "Sai," disse infine, "anche io mi sono perso. La vita a Milano è frenetica, ma a volte mi sembra vuota. Tornare qui... parlare con te... mi ha fatto ricordare cosa significa sentirsi vivi."

Mentre il sole iniziava a calare, decisero di fermarsi su una piccola spiaggia lungo il fiume. Accesero un piccolo fuoco con i rami secchi trovati nei dintorni e mangiarono panini che Paolo aveva preparato quella mattina.

"Non è un viaggio in America," disse Marco, osservando le fiamme, "ma è decisamente meglio di qualsiasi cosa avrei immaginato."

"E non abbiamo finito," rispose Paolo. "Ci sono ancora molte cose sulla nostra lista. Potremmo non avere più trent'anni, ma abbiamo ancora tempo."

Quando tornarono al paese, stanchi ma felici, si salutarono con una promessa: non avrebbero mai più lasciato che il tempo li separasse. Avrebbero continuato a trovare momenti per stare insieme, a realizzare quei sogni che avevano scritto tanti anni prima.

"How could I forget?" Marco replied. "We thought the river went straight to the ocean!"

The trip down the river became an opportunity to reflect not only on the past but also on the present. Paolo admitted to Marco that, in recent years, he had often felt trapped in routine, as if he had forgotten who he really was.

"And then I thought of you," Paolo said. "Of how carefree we used to be. How we faced everything with enthusiasm. And I asked myself: why can't I find at least a little of that lightness again?"

Marco was silent for a moment, staring at the water. "You know," he finally said, "I've been lost too. Life in Milan is fast-paced, but sometimes it feels empty. Coming back here... talking with you... it reminded me of what it means to feel alive."

As the sun began to set, they decided to stop on a small beach along the river. They lit a small fire with dry branches they found nearby and ate sandwiches Paolo had prepared that morning.

"It's not a trip to America," Marco said, watching the flames, "but it's definitely better than anything I could've imagined."

"And we're not done yet," Paolo replied. "There are still so many things on our list. We may not be thirty anymore, but we still have time."

When they returned to the town, tired but happy, they said goodbye with a promise: they would never let time separate them again. They would keep finding moments to be together and fulfill the dreams they had written so many years ago.

Domande

1. Perché Marco riceve un invito da Paolo dopo trent'anni?
a. Paolo vuole salutarlo prima di trasferirsi
b. Paolo desidera riunirsi per ricordare i vecchi tempi
c. Paolo sta organizzando una festa con vecchi amici
d. Paolo ha bisogno di aiuto per un progetto

2. Cosa trovano nella vecchia scatola di latta?
a. Una mappa disegnata a mano
b. Vecchie lettere scritte durante il liceo
c. Una foto, un portachiavi e una lista di sogni giovanili
d. Un diario con ricordi condivisi

3. Quale attività decidono di fare insieme durante la loro riunione?
a. Scalare una montagna
b. Riparare e navigare un gommone sul fiume
c. Costruire una capanna nel bosco
d. Organizzare una partita di calcio

4. Qual è il tema principale della loro conversazione sul fiume?
a. Le difficoltà del loro lavoro
b. I ricordi delle loro famiglie
c. La pianificazione di un grande viaggio all'estero
d. Il rimpianto per il tempo perduto e il desiderio di riscoprire sé stessi

5. Qual è il messaggio principale della storia?
a. È troppo tardi per riprendere vecchie amicizie
b. La connessione con gli amici d'infanzia può dare nuova energia alla vita
c. I sogni giovanili sono destinati a rimanere nel passato
d. Le avventure sono importanti solo da giovani

La Passeggiata del Mattino

Riassunto

Carlo, un pensionato, trova conforto nelle sue passeggiate mattutine lungo un tranquillo sentiero nel bosco. Un giorno incontra Elena, una nuova arrivata che cerca pace dopo aver lasciato una vita opprimente in città. Con il tempo, le loro passeggiate condivise aiutano entrambi a guarire e a riscoprire le gioie semplici della vita. Grazie alla loro compagnia reciproca, Carlo ed Elena riflettono sul passato, abbracciano il presente e trovano conforto nella loro amicizia, dimostrando che piccole connessioni possono portare a grandi cambiamenti.

Carlo si svegliava ogni giorno prima dell'alba. Era un'abitudine che aveva iniziato dopo la pensione, quando finalmente aveva tutto il tempo per dedicarsi alle piccole cose che amava. Ogni mattina, senza eccezione, indossava il suo cappello preferito, una vecchia giacca di lana, e usciva per la sua passeggiata.

Il percorso era sempre lo stesso: un sentiero che attraversava il bosco vicino al villaggio e si snodava lungo un piccolo fiume. Il silenzio del mattino, interrotto solo dal cinguettio degli uccelli e dal fruscio delle foglie, era la sua compagnia. Carlo considerava quel momento una sorta di meditazione, un'occasione per riflettere e trovare pace.

Un giorno, mentre camminava con passo lento ma deciso, notò qualcosa di diverso. Su una panchina vicino al fiume c'era una donna seduta, avvolta in un cappotto. Sembrava immersa nei suoi pensieri, guardando l'acqua che scorreva. Carlo esitò un momento, poi si avvicinò con discrezione.

"Buongiorno," disse con un sorriso gentile.

The Morning Walk

Summary

Carlo, a retired man, finds solace in his daily morning walks along a peaceful forest trail. One day, he meets Elena, a newcomer seeking calm after leaving her overwhelming life in the city. Over time, their shared walks help them both heal and rediscover life's simple joys. Through their companionship, Carlo and Elena reflect on their pasts, embrace the present, and find comfort in each other's company, proving that small connections can lead to profound transformations.

Carlo woke up every day before dawn. It was a habit he had developed after retiring, when he finally had all the time in the world to dedicate to the little things he loved. Every morning, without exception, he would put on his favorite hat, an old wool jacket, and head out for his walk.

The route was always the same: a path that wound through the woods near the village and ran alongside a small river. The morning silence, broken only by the chirping of birds and the rustling of leaves, was his companion. Carlo saw this time as a kind of meditation, a chance to reflect and find peace.

One day, as he walked at his usual slow but steady pace, he noticed something different. On a bench near the river sat a woman, wrapped in a coat. She seemed lost in her thoughts, gazing at the flowing water. Carlo hesitated for a moment, then approached her quietly.

"Good morning," he said with a kind smile.

La donna alzò lo sguardo, sorpresa. "Buongiorno," rispose con una voce calma ma un po' distante.

Carlo si sedette a una certa distanza per non disturbare. Dopo qualche minuto di silenzio, disse: "Non ti avevo mai visto qui prima. Sei nuova del villaggio?"

La donna annuì. "Mi chiamo Elena," disse. "Mi sono trasferita qui da poco. Volevo un posto tranquillo, lontano dalla città."

Carlo annuì comprensivo. "Hai scelto bene. Questo sentiero è il posto più tranquillo che conosca. Io lo percorro ogni mattina da anni."

Elena sorrise debolmente. "Deve essere bello avere una routine così. Io sono ancora un po' persa."

Sentendo la malinconia nella sua voce, Carlo decise di non fare altre domande. Invece, si alzò e disse: "Se ti piace camminare, potremmo incontrarci qui domani. La passeggiata del mattino è sempre meglio in compagnia."

Elena sembrò sorpresa dall'offerta, ma annuì. "Forse sì. Grazie."

Il giorno dopo, Carlo trovò Elena già seduta sulla panchina. Questa volta sembrava più rilassata, e quando lo vide arrivare, gli sorrise con calore. Camminarono insieme lungo il sentiero, parlando a tratti ma lasciando anche spazio al silenzio. Carlo raccontò di come aveva iniziato le sue passeggiate per superare un momento difficile, quando sua moglie era morta anni prima.

"Questo bosco mi ha aiutato a trovare pace," disse. "Ogni mattina, mi ricorda che la vita va avanti, anche quando sembra impossibile."

Elena ascoltava con attenzione. Dopo un po', confessò: "Anch'io sono qui per cercare un nuovo inizio. Ho lasciato tutto dietro di me: il lavoro, la città, persino alcune persone. Non sapevo dove andare, ma ho scelto questo posto perché mi sembrava… calmo."

"E lo è," disse Carlo. "Ma la calma non viene solo dai luoghi. Viene da dentro."

The woman looked up, surprised. "Good morning," she replied in a calm but slightly distant voice.

Carlo sat down at a respectful distance so as not to disturb her. After a few minutes of silence, he said, "I've never seen you here before. Are you new to the village?"

The woman nodded. "My name is Elena," she said. "I just moved here. I wanted a quiet place, far from the city."

Carlo nodded in understanding. "You chose well. This path is the quietest place I know. I've been walking it every morning for years."

Elena smiled faintly. "It must be nice to have a routine like that. I'm still a bit lost."

Hearing the melancholy in her voice, Carlo decided not to ask any more questions. Instead, he stood up and said, "If you enjoy walking, we could meet here tomorrow. A morning walk is always better with company."

Elena seemed surprised by the offer but nodded. "Maybe. Thank you."

The next day, Carlo found Elena already sitting on the bench. This time she seemed more relaxed, and when she saw him approaching, she smiled warmly. They walked together along the path, talking intermittently but also leaving space for silence. Carlo shared how he had started his walks to get through a difficult time, after his wife had passed away years earlier.

"These woods helped me find peace," he said. "Every morning, they remind me that life goes on, even when it feels impossible."

Elena listened intently. After a while, she admitted, "I'm here looking for a fresh start too. I left everything behind: my job, the city, even some people. I didn't know where to go, but I chose this place because it seemed... calm."

"And it is," Carlo said. "But calm doesn't just come from places. It comes from within."

Col passare dei giorni, le passeggiate mattutine di Carlo ed Elena diventarono una consuetudine. Iniziarono a conoscersi meglio, condividendo storie, ricordi e a volte semplici silenzi. Carlo insegnò a Elena a riconoscere gli alberi e il canto degli uccelli, mentre lei parlava delle sue esperienze in città e di come stesse lentamente ritrovando sé stessa.

Una mattina, mentre il sole stava sorgendo e il bosco era avvolto da una leggera nebbia, Elena si fermò e disse: "Sai, credo che tu avessi ragione. La calma viene da dentro, ma questo posto mi sta aiutando a trovarla."

Carlo sorrise, guardando il fiume che scorreva tranquillo. "E forse, a volte, la troviamo anche nella compagnia giusta."

Con il passare delle settimane, le passeggiate mattutine di Carlo ed Elena divennero un rituale. Ogni giorno partivano insieme dal sentiero che attraversava il bosco e seguivano il fiume fino a un grande albero secolare che segnava il punto di ritorno. Ogni volta, il loro camminare era accompagnato da conversazioni che toccavano argomenti diversi: dalla natura alle sfide della vita, dai sogni del passato alle speranze per il futuro.

Una mattina, Carlo portò con sé un piccolo thermos di caffè. "Perché non ci fermiamo all'albero secolare oggi?" propose. Elena accettò con entusiasmo, e quando arrivarono, si sedettero su un tronco caduto, con il caffè caldo tra le mani.

"Non ho mai raccontato a nessuno cosa mi ha portato qui," disse Elena, rompendo il silenzio.

Carlo non rispose subito. Si limitò ad annuire, lasciandole lo spazio per parlare.

"Ero intrappolata in una vita che non mi apparteneva," continuò Elena. "Un lavoro che non mi rendeva felice, relazioni superficiali, e il rumore costante della città. Ho capito che stavo perdendo me stessa. Così, un giorno, ho deciso di andarmene. Non avevo un piano, ma sapevo che dovevo trovare un posto dove poter respirare di nuovo."

Carlo sorseggiò il caffè, poi disse: "Hai avuto coraggio. Non tutti riescono a lasciare ciò che conoscono, anche se non li rende felici."

As the days passed, Carlo and Elena's morning walks became a routine. They started to get to know each other better, sharing stories, memories, and sometimes simply walking in comfortable silence. Carlo taught Elena how to identify trees and recognize bird songs, while she spoke of her experiences in the city and how she was slowly rediscovering herself.

One morning, as the sun was rising and the woods were wrapped in a light mist, Elena stopped and said, "You know, I think you were right. Calm comes from within, but this place is helping me find it."

Carlo smiled, looking at the river flowing peacefully. "And maybe, sometimes, we also find it in the right company."

Over the weeks, Carlo and Elena's morning walks became a cherished ritual. Every day, they started at the trail that wound through the woods and followed the river to a large, ancient tree that marked their turning point. Each walk was accompanied by conversations on a variety of topics: nature, life's challenges, past dreams, and future hopes.

One morning, Carlo brought a small thermos of coffee with him. "Why don't we stop at the old tree today?" he suggested. Elena eagerly agreed, and when they arrived, they sat on a fallen log, holding the warm coffee in their hands.

"I've never told anyone what brought me here," Elena said, breaking the silence.

Carlo didn't respond immediately. He simply nodded, giving her the space to speak.

"I was trapped in a life that didn't feel like mine," Elena continued. "A job that didn't make me happy, shallow relationships, and the constant noise of the city. I realized I was losing myself. So one day, I decided to leave. I didn't have a plan, but I knew I needed to find a place where I could breathe again."

Carlo took a sip of his coffee and then said, "That took courage. Not everyone can leave behind what they know, even when it doesn't make them happy."

Elena sorrise. "E tu? Come sei finito qui, in queste passeggiate mattutine?"

Carlo guardò il fiume per un momento prima di rispondere. "Dopo che mia moglie è morta, mi sono sentito perso. Ogni angolo della casa mi ricordava lei, e il dolore era troppo forte. Un giorno, quasi per caso, sono uscito per camminare. Ho trovato questo sentiero e ho iniziato a tornare ogni giorno. Era il mio modo per andare avanti, passo dopo passo."

Elena lo guardò con occhi pieni di comprensione. "Credo che anche io stia cercando di fare lo stesso," disse.

Quella mattina, rimasero seduti a lungo, guardando il sole che filtrava attraverso gli alberi e ascoltando il suono dell'acqua. Era un momento di pace, una pausa dal passato e dal futuro.

Un giorno, durante una delle loro passeggiate, incontrarono un gruppo di bambini che giocavano vicino al fiume. Stavano costruendo una piccola diga con le pietre e ridevano mentre l'acqua si accumulava. Carlo e Elena si fermarono a osservare, e uno dei bambini li invitò a unirsi.

Carlo non perse tempo e iniziò a raccogliere pietre, mentre Elena, inizialmente esitante, si lasciò trascinare dall'entusiasmo. Alla fine, la loro diga resistette solo pochi minuti prima che l'acqua la rompesse, ma tutti risero di gusto.

"Non ricordavo l'ultima volta che avevo fatto qualcosa di così semplice e divertente," disse Elena, asciugandosi le mani.

Carlo annuì. "A volte dimentichiamo quanto siano importanti le piccole gioie."

Quella sera, tornando verso casa, Elena disse: "Grazie, Carlo. Non solo per queste passeggiate, ma per avermi ricordato come si vive."

Carlo sorrise. "Grazie a te. Credevo di camminare da solo, ma con te ho scoperto quanto sia bello condividere il cammino."

Da quel giorno, le loro passeggiate non furono più solo un'abitudine. Diventarono un modo per riscoprire il mondo e sé stessi, un passo alla volta.

Elena smiled. "And you? How did you end up here, on these morning walks?"

Carlo looked at the river for a moment before answering. "After my wife passed away, I felt lost. Every corner of the house reminded me of her, and the pain was overwhelming. One day, almost by chance, I went out for a walk. I found this path and started coming back every day. It became my way of moving forward, one step at a time."

Elena looked at him with eyes full of understanding. "I think I'm trying to do the same," she said.

That morning, they sat together for a long time, watching the sunlight filtering through the trees and listening to the sound of the water. It was a moment of peace, a pause from both the past and the future.

One day, during one of their walks, they came across a group of children playing by the river. They were building a small dam with rocks and laughing as the water piled up behind it. Carlo and Elena stopped to watch, and one of the children invited them to join.

Carlo didn't hesitate and immediately began gathering rocks, while Elena, initially reluctant, soon got caught up in the enthusiasm. In the end, their dam held for only a few minutes before the water broke through, but everyone laughed heartily.

"I can't remember the last time I did something so simple and fun," Elena said, drying her hands.

Carlo nodded. "Sometimes we forget how important the little joys are."

That evening, as they walked back home, Elena said, "Thank you, Carlo. Not just for these walks, but for reminding me how to live."

Carlo smiled. "Thank you. I thought I was walking alone, but with you, I've discovered how wonderful it is to share the journey."

From that day on, their walks became more than just a habit. They became a way to rediscover the world and themselves, one step at a time.

Domande

1. Perché Carlo inizia le sue passeggiate mattutine?
a. Per fare esercizio fisico
b. Per trovare pace dopo la perdita di sua moglie
c. Per esplorare nuovi luoghi del villaggio
d. Per incontrare nuovi amici

2. Cosa spinge Elena a trasferirsi nel villaggio?
a. La ricerca di un lavoro tranquillo
b. La voglia di fuggire dalla vita frenetica della città
c. Un'offerta per gestire un negozio locale
d. Il desiderio di riunirsi con vecchi amici

3. Come cambia la relazione tra Carlo ed Elena nel corso della storia?
a. Diventano compagni di camminata e confidenti
b. Si allontanano dopo alcune passeggiate
c. Iniziano a lavorare insieme in un progetto locale
d. Diventano rivali per motivi personali

4. Qual è il momento significativo che condividono vicino al fiume?

a. Costruiscono una diga con dei bambini

b. Troppo silenzio li fa riflettere sul loro passato

c. Carlo insegna a Elena a pescare

d. Incontrano un vecchio amico di Carlo

5. Qual è il messaggio principale della storia?

a. Le passeggiate sono importanti per la salute fisica

b. La compagnia e le connessioni possono aiutare a guarire

c. Vivere in un villaggio è sempre meglio che vivere in città

d. La solitudine è necessaria per la pace interiore

Il Piccolo Orto di Casa Mia

Riassunto

Lucia, in cerca di pace dopo una vita stressante in città, trasforma un giardino trascurato in un orto rigoglioso. Con l'aiuto della vicina Maria, impara a prendersi cura delle piante e ad affrontare le sfide del giardinaggio. Col tempo, il giardino diventa più di un progetto personale: si trasforma in un punto di incontro per la comunità. Lucia organizza una festa per condividere il raccolto, unendo i vicini. Grazie all'orto, Lucia scopre la pazienza, la resilienza e la gioia di connettersi con gli altri, trovando soddisfazione nella semplicità della vita.

Lucia aveva sempre vissuto in città, circondata da palazzi grigi e traffico incessante. Non avrebbe mai immaginato che un giorno si sarebbe trasferita in una piccola casa di campagna con un grande giardino sul retro. Ma quando il lavoro divenne troppo stressante e la sua vita sembrava scorrere senza un vero scopo, decise di cambiare tutto.

Acquistò la casa quasi per caso, attirata dalla semplicità dell'annuncio: *"Casa di campagna con giardino, perfetta per chi cerca tranquillità."* Quando la visitò, il giardino era incolto, con erbacce alte e cespugli selvatici. Ma Lucia vide il potenziale. Immaginava pomodori maturi, cespi di lattuga croccante e fiori colorati che attiravano api e farfalle.

I primi giorni furono un'avventura. Armata di guanti, forbici da giardinaggio e un entusiasmo che non provava da anni, iniziò a ripulire il terreno. Scoprì vecchi attrezzi dimenticati in un capanno e una fontana arrugginita nascosta tra le erbacce. "Questo posto ha storia," pensò, sorridendo.

My Little Backyard Garden

Summary

Lucia, seeking peace after a stressful city life, transforms a neglected backyard into a thriving garden. With guidance from her neighbor Maria, she learns to nurture plants and embrace the challenges of gardening. Over time, the garden becomes more than a personal project; it evolves into a community hub. Lucia organizes a gathering to share her harvest, bringing neighbors together. Through the garden, Lucia discovers patience, resilience, and the joy of connecting with others, finding fulfillment in the simple beauty of life.

Lucia had always lived in the city, surrounded by gray buildings and endless traffic. She never would have imagined that one day she would move to a small country house with a large backyard. But when her job became too stressful and her life felt like it was passing by without real purpose, she decided to change everything.

She bought the house almost by chance, drawn by the simplicity of the ad: "Country house with garden, perfect for those seeking peace." When she visited, the garden was overgrown, with tall weeds and wild bushes. But Lucia saw the potential. She envisioned ripe tomatoes, crisp lettuce, and colorful flowers that would attract bees and butterflies.

The first few days were an adventure. Armed with gloves, gardening shears, and an enthusiasm she hadn't felt in years, she began clearing the land. She discovered old tools forgotten in a shed and a rusty fountain hidden among the weeds. "This place has history," she thought, smiling.

Nonostante la sua determinazione, coltivare un orto non era così semplice come immaginava. La terra era dura, piena di sassi, e i semi che piantava sembravano non voler germogliare. Una mattina, frustrata, si sedette su una panchina e sospirò. "Forse non sono fatta per questo," pensò.

Proprio in quel momento, una voce la fece sobbalzare. "Hai bisogno di aiuto?"

Lucia si girò e vide una donna anziana, con un cesto pieno di verdure fresche. "Mi chiamo Maria," disse. "Vivo nella casa accanto. Ti ho vista lavorare qui e ho pensato di venire a salutarti."

Lucia le raccontò della sua idea di creare un orto, ma anche delle difficoltà che stava incontrando. Maria sorrise. "Nessuno nasce esperto," disse. "Ci vuole pazienza. Se vuoi, posso mostrarti qualche trucco."

Da quel giorno, Maria iniziò a visitare regolarmente il giardino di Lucia. Le insegnò a preparare il terreno, a scegliere le piante giuste per la stagione e a usare metodi naturali per tenere lontani insetti e malattie. "L'orto è vivo," diceva. "Se lo curi con amore, ti darà più di quanto immagini."

Col tempo, il giardino iniziò a trasformarsi. I primi germogli spuntarono, seguiti da piccoli fiori che promettevano frutti. Ogni mattina, Lucia si svegliava impaziente di controllare i progressi, come se il giardino fosse diventato una parte di lei.

Una sera, Maria le portò un vecchio libro di giardinaggio, pieno di appunti e annotazioni a mano. "Era di mio marito," disse. "Era lui il vero esperto. Ora lo passo a te. Penso che lo apprezzerebbe."

Lucia, commossa, promise di trattarlo con cura. Quelle pagine, piene di consigli pratici e piccole riflessioni, divennero la sua guida.

Un giorno, mentre raccoglieva i suoi primi pomodori maturi, Lucia si accorse di quanto fosse cambiata. Non era più la persona stressata e insoddisfatta di prima. Ogni zolla di terra lavorata, ogni pianta cresciuta, le aveva insegnato qualcosa: pazienza, resilienza e la gioia delle piccole cose.

Despite her determination, cultivating a garden was not as easy as she had imagined. The soil was hard, full of stones, and the seeds she planted seemed unwilling to sprout. One morning, feeling frustrated, she sat down on a bench and sighed. "Maybe I'm not cut out for this," she thought.

Just then, a voice startled her. "Do you need help?"

Lucia turned to see an older woman holding a basket full of fresh vegetables. "My name is Maria," she said. "I live in the house next door. I've seen you working here and thought I'd come by to say hello."

Lucia told her about her plan to create a garden, as well as the difficulties she was facing. Maria smiled. "No one starts out as an expert," she said. "It takes patience. If you'd like, I can show you a few tricks."

From that day on, Maria began visiting Lucia's garden regularly. She taught her how to prepare the soil, choose the right plants for the season, and use natural methods to keep insects and diseases away. "A garden is alive," she said. "If you care for it with love, it will give you more than you can imagine."

Over time, the garden began to transform. The first sprouts emerged, followed by small flowers that promised fruit. Every morning, Lucia woke up eager to check on the progress, as if the garden had become a part of her.

One evening, Maria brought her an old gardening book, filled with handwritten notes and annotations. "It belonged to my husband," she said. "He was the real expert. Now I'm passing it on to you. I think he would've liked that."

Lucia, moved, promised to treat it with care. Those pages, full of practical advice and little reflections, became her guide.

One day, as she picked her first ripe tomatoes, Lucia realized how much she had changed. She was no longer the stressed and dissatisfied person she once was. Every patch of soil she had worked, every plant she had grown, had taught her something: patience, resilience, and the joy of small things.

Con il passare delle settimane, il piccolo orto di Lucia diventò un vero e proprio angolo di vita e serenità. Non solo produceva verdure fresche, ma attirava anche uccellini, api e farfalle che riempivano il giardino di suoni e colori. Ogni angolo sembrava raccontare una storia: le zucchine che crescevano rigogliose accanto al capanno, le erbe aromatiche che profumavano l'aria e i fiori che spuntavano tra i filari di pomodori.

Maria, come sempre, passava spesso a controllare i progressi e a condividere qualche consiglio. "Stai diventando un'esperta," disse un giorno, osservando Lucia mentre potava le piante di basilico. "Ma ricorda, un orto non è mai perfetto. Ci saranno sempre sfide, ma è proprio questo il bello."

Lucia annuì, pensando a quanta verità ci fosse in quelle parole. Non tutto era stato facile. Alcune piante non avevano attecchito, e una notte un temporale aveva distrutto buona parte delle sue lattughe. Ma ogni fallimento era stato un'occasione per imparare e migliorare.

Un giorno, Lucia decise di organizzare una piccola festa per ringraziare Maria e condividere con i vicini i frutti del suo lavoro. Prese un vecchio tavolo dal capanno, lo decorò con un vaso di fiori freschi e lo riempì di piatti preparati con le verdure del suo orto: insalate colorate, bruschette con pomodori e basilico, e una torta salata con zucchine e menta.

I vicini, alcuni dei quali non aveva mai incontrato, arrivarono curiosi e pieni di entusiasmo. Maria portò un cestino di pane fatto in casa, e un giovane del villaggio suonò la chitarra, creando un'atmosfera festosa.

Durante la serata, Lucia si rese conto di quanto quell'orto non fosse solo un progetto personale. Era diventato un ponte che la connetteva agli altri. Le persone raccontavano storie, condividevano ricette e promettevano di aiutarsi a vicenda con i loro giardini.

Mentre la festa si avviava verso la conclusione, Maria si avvicinò a Lucia e le disse: "Hai fatto qualcosa di speciale qui. Non è solo un orto. È un luogo di condivisione e di vita."

As the weeks passed, Lucia's small garden became a true haven of life and serenity. It not only produced fresh vegetables but also attracted birds, bees, and butterflies that filled the space with sounds and colors. Every corner seemed to tell a story: the zucchini thriving near the shed, the aromatic herbs perfuming the air, and the flowers blooming between the rows of tomatoes.

Maria, as always, often stopped by to check on the progress and share some advice. "You're becoming an expert," she said one day, watching Lucia as she pruned her basil plants. "But remember, a garden is never perfect. There will always be challenges, and that's what makes it beautiful."

Lucia nodded, reflecting on how true those words were. Not everything had been easy. Some plants hadn't taken root, and one night a storm had destroyed much of her lettuce. But every failure had been an opportunity to learn and improve.

One day, Lucia decided to organize a small gathering to thank Maria and share the fruits of her labor with the neighbors. She took an old table from the shed, decorated it with a vase of fresh flowers, and filled it with dishes prepared from her garden's produce: colorful salads, bruschetta with tomatoes and basil, and a savory zucchini and mint tart.

The neighbors, some of whom she had never met, arrived curious and full of enthusiasm. Maria brought a basket of homemade bread, and a young man from the village played the guitar, creating a festive atmosphere.

Throughout the evening, Lucia realized that her garden was no longer just a personal project. It had become a bridge connecting her to others. People shared stories, exchanged recipes, and promised to help one another with their gardens.

As the party drew to a close, Maria approached Lucia and said, "You've created something special here. This isn't just a garden. It's a place of connection and life."

Lucia sorrise, guardando il giardino illuminato dalle luci appese tra gli alberi. "Non avrei mai pensato che tutto questo potesse nascere da qualche seme," disse.

Da quel giorno, il giardino di Lucia divenne un punto di incontro per il villaggio. Ogni sabato mattina, i vicini si riunivano per scambiarsi verdure, piante e consigli. Alcuni portavano miele, altri marmellate fatte in casa, e tutto sembrava ruotare intorno al piacere di condividere.

Lucia capì che l'orto le aveva insegnato molto più che coltivare piante. Le aveva mostrato l'importanza della pazienza, della cura e del legame con la natura e con gli altri. Ogni volta che guardava il suo giardino, vedeva non solo i frutti del suo lavoro, ma anche una nuova versione di sé stessa: una persona più serena, radicata e grata per le piccole cose della vita.

Domande

1. Perché Lucia decide di trasferirsi in campagna?
a. Per cambiare lavoro
b. Per cercare tranquillità e un nuovo scopo nella vita
c. Per stare più vicina alla famiglia
d. Per imparare a coltivare piante

2. Chi aiuta Lucia a trasformare il suo giardino?
a. Suo fratello
b. La vicina Maria
c. Un giardiniere professionista
d. Un gruppo di amici

3. Cosa insegna Maria a Lucia sul giardinaggio?
a. Come preparare la terra e curare le piante
b. Come costruire un capanno
c. Come coltivare piante esotiche
d. Come vendere i prodotti al mercato

Lucia smiled, looking at the garden illuminated by the lights strung between the trees. "I never would have thought that all of this could come from just a few seeds," she said.

From that day on, Lucia's garden became a gathering place for the village. Every Saturday morning, neighbors would come together to exchange vegetables, plants, and advice. Some brought honey, others homemade jams, and everything seemed to revolve around the joy of sharing.

Lucia realized that the garden had taught her much more than how to grow plants. It had shown her the importance of patience, care, and connection with nature and others. Every time she looked at her garden, she saw not just the fruits of her labor but also a new version of herself: a calmer, more grounded person, grateful for the small things in life.

---

4. Quale evento organizza Lucia per ringraziare Maria e condividere il suo raccolto?
a. Un mercato agricolo
b. Una piccola festa nel giardino
c. Un pranzo in casa sua
d. Un incontro comunitario in biblioteca

5. Qual è il messaggio principale della storia?
a. Coltivare un orto è facile con i giusti strumenti
b. La natura può insegnare lezioni importanti sulla vita e la connessione umana
c. La vita in campagna è sempre più semplice della vita in città
d. Gli orti dovrebbero essere riservati a progetti personali

Quando Abbiamo Ballato sotto le Stelle

Riassunto

Chiara, in cerca di una pausa dalla sua routine, partecipa a una festa locale nel borgo toscano di San Pietro, dove incontra Matteo. Lui le mostra la bellezza della vita semplice, condividendo il suo amore per il borgo e il suo lavoro come artigiano. Insieme esplorano la campagna, parlano dei loro sogni e scoprono una profonda connessione. Mentre Chiara riflette sulla vita che ha lasciato, inizia a chiedersi cosa conta davvero e considera le possibilità di un nuovo inizio.

Chiara non avrebbe mai pensato che un viaggio improvvisato al piccolo borgo di San Pietro avrebbe cambiato qualcosa nella sua vita. Era andata lì per staccare dalla routine, per prendersi una pausa dal lavoro soffocante e dalla monotonia delle sue giornate. Non aveva un programma, solo una valigia leggera e un libro che pensava di leggere davanti a qualche paesaggio tranquillo.

San Pietro era un luogo incantevole, nascosto tra le colline toscane. Con le sue strade acciottolate, i balconi pieni di fiori colorati e un'atmosfera che sembrava sospesa nel tempo, era il rifugio perfetto per chi cercava calma e bellezza.

La prima sera, Chiara passeggiava per la piazza centrale quando notò un gruppo di persone che stavano decorando il luogo con luci e ghirlande. "Che succede?" chiese a una donna che sistemava un lungo filo di lampadine.

"Domani sera c'è la festa del borgo," rispose la donna con un sorriso. "Musica, cibo e, ovviamente, balli sotto le stelle. Dovresti unirti a noi."

When We Danced Under the Stars

Summary

Chiara, seeking an escape from her routine, attends a local celebration in the Tuscan village of San Pietro, where she meets Matteo. He introduces her to the beauty of simple living, sharing his love for the village and his work as a craftsman. Together, they explore the countryside, bond over shared dreams, and discover a deep connection. As Chiara contemplates the life she left behind, she begins to question what truly matters and considers the possibilities of a new beginning.

Chiara never would have thought that a spontaneous trip to the small village of San Pietro could change anything in her life. She had gone there to escape her routine, to take a break from her stifling job and the monotony of her days. She had no plan, just a light suitcase and a book she intended to read in front of some peaceful scenery.

San Pietro was a charming place, tucked away in the Tuscan hills. With its cobblestone streets, balconies filled with colorful flowers, and an atmosphere that seemed frozen in time, it was the perfect refuge for anyone seeking calm and beauty.

On her first evening, Chiara was strolling through the central square when she noticed a group of people decorating the area with lights and garlands. "What's going on?" she asked a woman who was arranging a long string of bulbs.

"Tomorrow night is the village festival," the woman replied with a smile. "Music, food, and, of course, dancing under the stars. You should join us."

Chiara, sorpresa dall'invito, annuì. "Forse verrò," disse, anche se non era sicura. Non era una grande fan delle feste e preferiva la tranquillità.

La sera seguente, tuttavia, la curiosità ebbe la meglio. Indossò un semplice vestito estivo e si diresse verso la piazza. Quando arrivò, trovò il borgo trasformato: le luci appese tra gli edifici creavano un'atmosfera magica, e i tavoli erano pieni di cibo e vino locale. Una piccola banda suonava musica allegra, e le persone ridevano e ballavano, come se tutte le preoccupazioni fossero svanite.

Chiara si sentì un po' fuori posto, ma prima che potesse tornare sui suoi passi, un uomo alto con i capelli grigi e un sorriso gentile le si avvicinò. "Non ci siamo mai visti," disse. "Io sono Matteo. Benvenuta alla festa."

"Chiara," rispose lei, stringendogli la mano.

"Balli?" chiese Matteo, indicando il centro della piazza dove alcune coppie si muovevano al ritmo della musica.

"Oh, no, io… non ballo," disse, sentendosi improvvisamente imbarazzata.

Matteo rise. "Nessuno qui è un ballerino professionista. Ma è una festa. Devi provare almeno un ballo."

Prima che potesse rifiutare di nuovo, Matteo la prese per mano e la condusse al centro della piazza. All'inizio, Chiara era rigida, cercando di non pestargli i piedi, ma presto si lasciò andare, contagiata dall'energia e dalla leggerezza dell'atmosfera. La musica sembrava trasportarla, e per la prima volta da molto tempo, si sentiva libera.

Dopo il ballo, si sedettero a un tavolo con un gruppo di persone del borgo. Tutti erano accoglienti e calorosi, raccontandole storie della loro vita a San Pietro e chiedendole della sua. Chiara si rese conto di quanto fosse bello essere circondata da persone che vivevano con semplicità e gioia.

Mentre la serata continuava, Matteo la invitò per un altro ballo, e poi un altro. Ballarono finché le luci non iniziarono a spegnersi e il cielo, pieno di stelle, divenne il solo testimone della loro serata.

Chiara, surprised by the invitation, nodded. "Maybe I'll come," she said, though she wasn't sure. She wasn't a big fan of parties and preferred quiet moments.

The following evening, however, curiosity got the better of her. She put on a simple summer dress and headed to the square. When she arrived, she found the village transformed: lights strung between the buildings created a magical atmosphere, and the tables were filled with local food and wine. A small band played cheerful music, and people laughed and danced as if all their worries had disappeared.

Chiara felt a bit out of place, but before she could turn back, a tall man with gray hair and a kind smile approached her. "I don't think we've met," he said. "I'm Matteo. Welcome to the festival."

"Chiara," she replied, shaking his hand.

"Do you dance?" Matteo asked, motioning toward the center of the square where a few couples were moving to the rhythm of the music.

"Oh, no, I… I don't dance," she said, suddenly feeling embarrassed.

Matteo laughed. "No one here is a professional dancer. But it's a festival. You have to try at least one dance."

Before she could refuse again, Matteo took her hand and led her to the center of the square. At first, Chiara was stiff, trying not to step on his feet, but soon she let herself go, swept up by the energy and lightness of the atmosphere. The music seemed to carry her, and for the first time in a long while, she felt free.

After the dance, they sat at a table with a group of villagers. Everyone was warm and welcoming, sharing stories of their lives in San Pietro and asking about hers. Chiara realized how wonderful it was to be surrounded by people who lived with simplicity and joy.

As the evening went on, Matteo invited her to dance again, and then again. They danced until the lights began to dim and the sky, filled with stars, became the sole witness to their night.

Alla fine della notte, Matteo la accompagnò verso il piccolo appartamento che aveva affittato. "Grazie per questa sera," disse Chiara. "Non ricordo l'ultima volta che mi sono divertita così tanto."

"Il piacere è stato mio," rispose Matteo. "A volte, tutto ciò di cui abbiamo bisogno è un po' di musica e un cielo pieno di stelle."

Il mattino seguente, Chiara si svegliò con un sorriso. La serata precedente sembrava un sogno: la musica, le risate, e la leggerezza che non provava da anni. Decise di iniziare la giornata con una passeggiata, esplorando i vicoli di San Pietro. Ogni angolo del borgo raccontava una storia: vecchi pozzi, portoni scolpiti e finestre adornate da piante rigogliose.

Mentre camminava, incrociò Matteo seduto a un tavolo fuori da una piccola caffetteria. "Buongiorno!" la salutò con il suo solito sorriso.

"Buongiorno," rispose Chiara, fermandosi accanto a lui.

"Sei pronta per un altro giorno di avventure?" chiese, indicando la sedia libera accanto a lui.

Chiara si sedette, accettando la tazza di caffè che Matteo aveva già ordinato per lei. "Pensavo di visitare i dintorni," disse. "Non ho un piano preciso."

Matteo annuì. "Allora ti farò da guida. C'è un posto che devi assolutamente vedere."

Dopo colazione, salirono su un vecchio sentiero che si snodava tra gli uliveti e conduceva a una collina. Il sole era caldo, e il profumo dell'erba e degli alberi riempiva l'aria. Matteo le raccontava aneddoti sul borgo e sulle persone che lo abitavano. Ogni storia sembrava radicata in una profonda connessione con il luogo e la sua storia.

Quando raggiunsero la cima, Chiara rimase senza parole. Davanti a loro si apriva una vista mozzafiato: le colline toscane si estendevano all'infinito, punteggiate da piccoli borghi e campi dorati. Matteo si sedette su una roccia e indicò il panorama. "Questo è il mio posto preferito," disse. "Quando il mondo sembra troppo caotico, vengo qui e tutto si calma."

At the end of the night, Matteo walked Chiara back to the small apartment she had rented. "Thank you for tonight," Chiara said. "I can't remember the last time I had so much fun."

"The pleasure was mine," Matteo replied. "Sometimes, all we need is a little music and a sky full of stars."

The next morning, Chiara woke up with a smile. The previous evening felt like a dream: the music, the laughter, and the lightness she hadn't felt in years. She decided to start her day with a walk, exploring the alleys of San Pietro. Every corner of the village seemed to tell a story: old wells, carved doorways, and windows adorned with lush plants.

As she walked, she spotted Matteo sitting at a table outside a small café. "Good morning!" he greeted her with his usual warm smile.

"Good morning," Chiara replied, stopping next to him.

"Are you ready for another day of adventures?" he asked, gesturing to the empty chair beside him.

Chiara sat down, accepting the cup of coffee Matteo had already ordered for her. "I was thinking of exploring the surrounding area," she said. "I don't have a specific plan."

Matteo nodded. "Then I'll be your guide. There's a place you absolutely have to see."

After breakfast, they followed an old path winding through olive groves that led to a hill. The sun was warm, and the air was filled with the scent of grass and trees. Matteo shared anecdotes about the village and its residents as they walked. Every story seemed deeply connected to the place and its history.

When they reached the top, Chiara was left speechless. Before them stretched a breathtaking view: the Tuscan hills rolled endlessly, dotted with small villages and golden fields. Matteo sat on a rock and gestured toward the panorama. "This is my favorite spot," he said. "When the world feels too chaotic, I come here, and everything settles."

Chiara si sedette accanto a lui, lasciandosi avvolgere dalla tranquillità del momento. "Posso capire perché ami questo posto," disse. "C'è qualcosa di magico qui."

Passarono il pomeriggio parlando di sogni e desideri. Matteo le raccontò del suo lavoro come artigiano, di come amava creare mobili e restaurare pezzi antichi. Chiara, invece, confessò quanto si sentisse intrappolata nella sua vita cittadina. "Pensavo che la stabilità fosse tutto ciò che volevo," disse. "Ma ora mi rendo conto di quanto mi manchino momenti come questo."

Matteo la guardò con occhi sinceri. "Forse è il momento di cambiare. A volte basta un piccolo passo per iniziare qualcosa di nuovo."

Quando tornarono al borgo, il sole era già basso all'orizzonte, tingendo il cielo di rosa e arancione. Matteo la accompagnò fino alla sua porta, ma prima di salutarla le chiese: "Domani c'è una festa più piccola, solo per gli artigiani e gli abitanti del borgo. Vorresti venire?"

Chiara annuì, senza esitazione. "Mi piacerebbe."

La sera seguente, la festa era completamente diversa da quella sotto le stelle: più intima, con musica suonata da un gruppo locale e un'atmosfera familiare. Matteo la presentò ad altri artigiani, e Chiara rimase affascinata dalle loro storie e dal loro lavoro.

Durante la festa, Matteo le mostrò un piccolo laboratorio, pieno di attrezzi e pezzi di legno. "Questo è il mio mondo," disse. "Ogni oggetto ha una storia, un'anima."

Chiara osservò un tavolo che Matteo aveva appena finito di restaurare. "È bellissimo," disse, passando una mano sulla superficie liscia.

Matteo sorrise. "Grazie. Ma c'è una cosa che manca."

"Cosa?" chiese Chiara.

"Un motivo per cui restare qui, per continuare a creare."

Chiara lo guardò, sorpresa. Per un momento, le parole mancarono a entrambi, ma il silenzio fu pieno di possibilità.

Chiara sat next to him, letting herself be enveloped by the tranquility of the moment. "I can see why you love this place," she said. "There's something magical about it."

They spent the afternoon talking about dreams and desires. Matteo shared stories about his work as a craftsman, how he loved creating furniture and restoring antique pieces. Chiara, on the other hand, confessed how trapped she felt in her city life. "I thought stability was all I wanted," she said. "But now I realize how much I've missed moments like this."

Matteo looked at her with sincerity. "Maybe it's time to make a change. Sometimes all it takes is one small step to start something new."

When they returned to the village, the sun was already low on the horizon, painting the sky in shades of pink and orange. Matteo walked her to her door, but before saying goodbye, he asked, "Tomorrow there's a smaller gathering, just for the artisans and the villagers. Would you like to come?"

Chiara nodded without hesitation. "I'd love to."

The following evening, the gathering was completely different from the one under the stars: more intimate, with music played by a local band and a warm, familial atmosphere. Matteo introduced her to other artisans, and Chiara was captivated by their stories and their craft.

During the gathering, Matteo showed her a small workshop filled with tools and pieces of wood. "This is my world," he said. "Every object has a story, a soul."

Chiara noticed a table Matteo had recently finished restoring. "It's beautiful," she said, running her hand over the smooth surface.

Matteo smiled. "Thank you. But there's one thing missing."

"What's that?" Chiara asked.

"A reason to stay here, to keep creating."

Chiara looked at him, surprised. For a moment, neither of them spoke, but the silence was full of possibilities.

Domande

1. Perché Chiara decide di visitare San Pietro?
a. Per un viaggio di lavoro
b. Per una pausa dalla sua routine cittadina
c. Per visitare amici di famiglia
d. Per partecipare a un festival

2. Cosa colpisce Chiara della festa nel borgo?
a. La semplicità e l'allegria delle persone
b. La musica suonata da un'orchestra famosa
c. La varietà di cibi esotici
d. Le danze professionali eseguite in piazza

3. Quale luogo speciale le mostra Matteo?
a. Una vecchia chiesa abbandonata
b. Una collina con una vista mozzafiato sulle colline toscane
c. Un antico ponte di pietra
d. Un piccolo lago nascosto nel bosco

4. Qual è il lavoro di Matteo?
a. Artigiano che restaura mobili e oggetti antichi
b. Pittore di paesaggi locali
c. Guida turistica nel borgo
d. Chef di un ristorante famoso nel villaggio

5. Qual è il messaggio principale della storia?
a. A volte è necessario allontanarsi per riscoprire cosa conta davvero
b. La vita semplice non può offrire soddisfazione a chi è abituato alla città
c. I viaggi improvvisati portano sempre risultati negativi
d. La felicità si trova solo nei grandi successi personali

Answers

Ricominciare a Quarant'Anni

1B 2C 3C 4A 5A

Il Nostro Piccolo Vigneto

1B 2B 3B 4B 5C

Un'Estate in Toscana

1B 2B 3B 4B 5C

Il Ricordo di una Canzone

1A 2B 3A 4A 5A

La Casa che Abbiamo Costruito

1B 2C 3B 4C 5A

Un Viaggio nella Terra degli Avi

1A 2A 3A 4B 5B

L'Arte di Trovare il Tempo

1A 2A 3A 4A 5B

Le Lettere di Mio Padre

1A 2A 3B 4A 5B

Un'Amicizia al Mercato dell'Antiquariato

1B 2B 3A 4B 5B

Il Segreto di un Buon Caffè

1B 2B 3B 4A 5B

Il Giorno in Cui Abbiamo Venduto Tutto

1B 2C 3B 4A 5B

Una Nuova Vita sul Lago

1B 2B 3B 4A 5A

Le Ricette di Nonna Rosa

1B 2B 3B 4B 5A

L'Ultima Partita di Baseball

1B 2B 3B 4A 5A

Storie di Viaggi in Camper

1B 2B 3B 4D 5B

La Libreria dell'Angolo

1B 2A 3A 4B 5A

Ritrovarsi dopo Trent'Anni

1B 2C 3B 4D 5B

La Passeggiata del Mattino

1B 2B 3A 4A 5B

Il Piccolo Orto di Casa Mia

1B 2B 3A 4B 5B

Quando Abbiamo Ballato sotto le Stelle

1B 2A 3B 4A 5A

A Special Request

Dear Reader,

Thank you for choosing to read our book. We hope you found the stories engaging and helpful in your language learning journey. If you enjoyed the book, we would greatly appreciate it if you could take a moment to leave a review.

Your feedback not only helps other readers discover our work but also inspires us to keep writing and creating more content for you.

To leave a review, scan the **QR CODE** to go to the review page.

Thank you for your support!

Warm regards,

The Acquire a Lot Team

Scan Me

Books in this Series

Available on Amazon

Books by this Author

Available on Amazon

www.ingramcontent.com/pod-product-compliance
Lightning Source LLC
Chambersburg PA
CBHW061747120626
46550CB00005B/1921